张国刚 著

文明
中西交流三千年

中央党校出版集团　大有书局

图书在版编目（CIP）数据

文明：中西交流三千年 / 张国刚著. —北京：大有书局，2024.1
ISBN 978-7-80772-118-5

Ⅰ.①文… Ⅱ.①张… Ⅲ.①东西文化－文化交流－研究 Ⅳ.① G115

中国国家版本馆 CIP 数据核字（2023）第 173055 号

书　　名	文明：中西交流三千年
作　　者	张国刚　著
出版统筹	严宏伟
策　　划	淡　霞
责任编辑	淡　霞　侯文敏
装帧设计	薛　宇
责任校对	李盛博
责任印制	袁浩宇
出版发行	大有书局
	（北京市海淀区长春桥路6号　100089）
综 合 办	（010）68929273
发 行 部	（010）68922366
经　　销	新华书店
印　　刷	北京博海升彩色印刷有限公司
版　　次	2024年1月北京第1版
印　　次	2024年1月北京第1次印刷
开　　本	150毫米×220毫米　1/32
印　　张	7.75
插　　页	8P
拉　　页	12P
字　　数	172千字
定　　价	68.00元

本书如有印装问题，可联系调换，联系电话：（010）68928947

张骞出使西域图 敦煌壁画

汉武帝建元年间,汉中人张骞以郎官的身份应募接受联络大月氏的使命,率众自长安出发西行。张骞出使西域是中西交通史上的划时代事件,被称为"凿空"。

反弹琵琶乐舞　敦煌壁画

　　反弹琵琶乐舞壁画出现在敦煌莫高窟第112窟,从窟内结构、壁画内容和风格看,此窟应属于从盛唐向吐蕃统治时期的过渡作品,已展示出明显的特点。此窟观无量寿经变中的反弹琵琶伎乐天是莫高窟同类题材中的佼佼者,她反弹琵琶,踏足而舞,舞带展卷,节拍鲜明,神情沉着自然。最突出者,双脚拇指跷起似在晃动,以应节拍,这种特殊的舞技,可以看出印度舞蹈留下的影响。

螺贝　敦煌壁画

　　螺贝作为一种佛教乐器在南朝至隋唐时期的石窟中多有体现。这种乐器是印度最为古老的乐器之一,最早由印度传入西域的龟兹,再经龟兹传入中原。

**石榴　天中佳景图　元　佚名
台北故宫博物院藏**

　　石榴原产西域,汉代传入中原。中国栽培石榴的历史,可上溯至汉代,据记载是张骞从西域引入。

玄奘三藏图（局部） 东京国立博物馆藏

唐朝时期，玄奘为了求法，从中国越过中亚的沙漠抵达印度，并在印度各地巡游，终于获得诸多经卷并将其带回中国。

大秦景教流行中国碑

此碑立于唐建中二年（781年），楷书。大秦寺僧景净撰文，朝议郎前行台州司士参军吕秀岩书并题额。长安京都区主教耶质蒲吉立碑。此碑为基督教在中国流传而立。现陈列于西安碑林第二室。

职贡图 唐 阎立本 台北故宫博物院藏

职贡图(局部一)

职贡图(局部二)

唐朝时期国力强盛,丝路畅通,有着"万国来朝、百蛮朝贡"的热闹场景。唐代大画家阎立本有不少作品与唐代的政治密切相关,如《步辇图》《西域图》《职贡图》等,通过对异域各国人物形象的描绘,反映唐王朝与域外各民族的友好关系,借此歌颂唐王朝的强大。

红衣西域僧图　元　赵孟頫

《红衣西域僧图》是元代赵孟頫描绘异域僧侣的作品。这幅画中的西域高僧，身披红袍，坐于古树青石之间的红色毡毯上。红衣僧人的长相很具有南亚人种的特点：高眉骨、大鼻子、厚嘴唇，还有络腮胡子和浓密胸毛。元代大都城中天竺僧侣较多，作者和天竺僧侣的交往是这幅图画的来源。

清康熙时　航海用旱罗盘

雍正半身西装像　清　郎世宁

《雍正十二月令圆明园行乐图》之《正月观灯》 清 郎世宁

郎世宁的绘画,既有欧洲油画如实反映现实的艺术概括,又有中国传统绘画之笔墨趣味。他大胆探索西画中用的新路,熔中西画法为一炉,创造了一种前所未有的新画法、新格体。他画的中国画具有坚实的写实功力,流畅地道的墨线,一丝不苟的层层晕染,外加无法效仿的颜色运用,中西合璧,焕然一新。他的作品融合了中西方文化元素,这种文化融合在当时的国际艺术界中也具有重要的意义。

目 录

序 言　**何问西东：丝绸之路与文明的交流互鉴**　1

　　一、丝绸之路的开拓与发展　1
　　二、物质基础与政治互信　7
　　三、大航海：丝绸之路新走向　12
　　四、丝绸之路上的文明互鉴　17

第一章　**传说与真实**
　　　　——先秦时代中西关系的初曙　1

　　一、周穆王西巡见西王母　3
　　二、神秘的希伯波里安人　7
　　三、赛里斯与秦尼国　9

第二章　**胡天汉月**
　　　　——秦汉中西关系的开辟　15

　　一、张骞通西域　17
　　二、甘英使大秦　22
　　三、丝绸之路　25

第三章　佛陀世界
　　——魏晋南北朝中西关系的发展　　29

一、初入中土　32

二、佛典的汉译　35

三、法显西行　38

四、佛学与中国传统文化的碰撞　40

五、犍陀罗佛教艺术　43

第四章　丝路花雨
　　——隋唐中西文明的交汇　　47

一、中西之间的海陆路交通　50

二、玄奘与义净——佛教文化继续东传　54

三、边疆民族语言与中西文化交流　57

四、唐代的长安与西域文明　63

第五章　天方海舶
　　——五代宋辽金中西文化的融通　　69

一、10世纪至12世纪的西域地区政权与中外文化交流　71

二、香瓷之路与南海贸易　75

三、宋代来华的外国人　79

四、四大发明的西传　81

目 录

第六章　横跨欧亚
——蒙古国元朝中西关系的拓展　87
一、蒙古人的西征　89
二、欧洲的反应及其与东方的关系　92
三、西方旅行者眼中的中国　95
四、元代与伊斯兰文化　102

第七章　时代的变奏
——明代中西文化关系的转折　107
一、郑和下西洋　109
二、新航路的开辟与欧洲殖民势力的东来　113
三、16世纪欧洲关于中国的知识　115
四、利玛窦的传教事业　122
五、徐光启与西方科技　125

第八章　交光互影
——清代的西学东渐与东学西渐　129
一、明清之际的传教士　131
二、西学东渐——西方文化的输入　136
三、礼仪之争——中西文化的冲突　141
四、17世纪、18世纪欧洲关于中国的知识　147
五、东学西渐——中国文化对欧洲的影响　151

第九章　明清中国人的欧洲观　157

一、地理位置与民族区别　159

二、风俗与物产　163

三、火炮制造　166

四、钟表机械　171

第十章　巡礼与反思：欧洲的中国观　177

一、早年的中国意象　179

二、"他者"意象的演进　188

三、全球化时代的新观察　196

附　录　208

表1　丝绸之路著名使者　208

表2　历代著名和亲公主　209

表3　中西交流中中国著名僧人　211

表4　郑和七次下西洋一览表　213

> 序言

何问西东：
丝绸之路与文明的交流互鉴

从西汉张骞奉汉武帝之派遣，"凿空"西域（帕米尔高原东西），到东汉时期的官方使节甘英出使大秦（古代罗马帝国）；从唐初著名高僧玄奘西游印度，满载佛教经典而归，到明朝初年，郑和奉永乐皇帝之命，七下"西洋"，遍访马六甲、波斯湾、红海，乃至非洲东海岸，传送着中华文明，中华民族的先人，前赴后继，开辟了源远流长的中西文化交流的丝绸之路。

最初，丝绸之路只是指从中国长安出发，横贯亚洲，进而连接非洲、欧洲的陆路。其后，又有了绿洲道、沙漠道、草原道、吐蕃道、海上道等提法。丝绸之路的含义被不断扩大，被人们看作东西方政治、经济、文化交流的桥梁，在今天，"丝绸之路"几乎成为中西文化交流的代名词。

一、丝绸之路的开拓与发展

丝绸之路之所以畅达，发动机在中国。中华的政治统一以及经济文化水平，相比西方（西亚、南亚、欧洲）在近代以前，多数时期居于世界领先地位。丝绸之路上有利可图，是商人和使者奔走的最大动力。我国古代许多重大的物质文化，诸如丝绸、瓷器、茶叶，以及许多重大工艺与发明，诸如造纸术、印刷术、罗盘与火药，都是从这条丝绸之路上传递到西方的。

中国与西方的文化交流其实早在汉代张骞"凿空"之前已经长期存在。否则，张骞就不会在大月氏（阿富汗北部）的市面上发现邛杖和蜀布。但是，开辟了官方中西交流渠道之后，中国历代政府为维护这条东西文化与经济交流的大动脉做出了不懈的努力！《史记》记载，汉代派出的官方使者"相望于道"。出使西域的团队多则数百人，少则百余人，所带汉地丝绸物品比博望侯（张骞以功被封博望侯）时还多。这样的使团，每年多的要派十几个，少的也有五六个。国内的青年争先恐后地申请到西域出使，汉武帝一概给予新节。使者们携带大批丝绸物品出境，又从远方带来多种珍奇物品，形成了中西经济文化交流的高潮。汉代为了保护丝绸之路，在河西地区设置了张掖、武威、酒泉、敦煌四郡，在西域地区设置西域校尉进行管理。唐太宗曾经力排众议，在今天的吐鲁番地区设置西州，加强管理，为保证丝绸之路的畅通以及中西文化的和平交流，做出了不懈的努力。

那么，历史上的中国丝绸输出到西方各地，人家拿什么来换咱的丝绸呢？和氏璧与汗血马，可能还有奇异猎犬（包括哈巴狗），其实就是最重要的外来商品。

众所熟悉的"完璧归赵"中那块璧玉，就是丝路贸易品。《史记》卷43《赵世家》记载，公元前283年，有人替齐国写信

序言　何问西东：丝绸之路与文明的交流互鉴

给赵惠文王说，假如秦国封锁了雁门关、常山，"代马、胡犬不东下，昆仑之玉不出，此三宝亦非王有已"。赵王于是改变了与秦联合攻齐的政策。可见，赵王很在乎的西域"三宝"乃是代马（北方来的马）、胡犬（西方来的狗）、昆仑之玉。当年，赵国的蔺相如怀揣着和氏璧去见秦王，不辱使命，最后完璧归赵。西边的秦国没有得到这块和田美玉，北边的赵国却有之，大约因为昆仑之玉就是来自山西北边的雁门关。在河西走廊没有打通之前，昆仑之玉通过匈奴人从草原中贩来，更顺当。传说中的周穆王西巡，就是走的这条路。《管子》多次谈到的"禺氏之玉"（王国维认为"禺氏"就是"月氏"），也许就是这条路上的"走私品"。商周玉器，并不产自内地，而是通过草原"丝绸之路"（或称"玉石之路"）从新疆和田运来。

从西域来的胡犬，除了男人打猎用的猎犬，唐人图画中有女性玩赏的宠物哈巴狗，大约也属于此类。至于"代马"，汉武帝喜欢的汗血马、关云长的赤兔马、唐太宗的"昭陵六骏"，大约都属于此类。

总之，欧亚大陆间诸多贸易品，不仅有丝绸，还有玉石、犬、马之类。《史记》中提到的蒙古草原上传来的"吉祥三宝"，就是一证。班固对此亦十分认同，他在《汉书·西域传赞》中说，汉武帝"闻天马、蒲陶，则通大宛、安息（皆西域古国名，相当于今日之中亚、西亚）"，从此之后，"明珠、文甲、通犀、翠羽之珍盈于后宫；蒲梢、龙文、鱼目、汗血之马充于黄门"。前一句讲玉器珍宝，充盈于后宫；后一句讲骏马名驹，充盈于皇家禁苑；这些都是丝路贸易带来的奢侈品。

3

丝绸之路上最通常的贸易方式，不外乎贡赐和互市。若再加上战争，便是"吉祥三宝"（名马、胡犬、玉石）传入内地的三个主要渠道：贡品、战利品、边贸货品。

且以骏马为例。汉武帝时代著名的汗血马，又称天马，就是大宛的朝贡品。西晋张华《博物志》卷3有载："大宛国有汗血马，天马种，汉、魏西域有献者。"唐朝贞观年间，西域给唐太宗进贡良马十匹，酷爱骏马的李世民亲自为这些马命名，号为"十骥"：一曰腾霜白，二曰皎雪骢，三曰凝露骢，四曰悬光骢，五曰决波騟，六曰飞霞骠，七曰发电赤，八曰流金䯄，九曰翺麟紫，十曰奔虹赤。当然，进贡也不是白送的，有贡必有赠。献马除了政治利益，更重要的是，这是丝绸之路上官方对官方的贸易形式。中原王朝回赠的物品主要就是丝绸。

唐朝的名马还有著名的昭陵六骏，分别是：特勤骠、青骓、什伐赤、飒露紫、拳毛䯄、白蹄乌。有学者已经注意到，这些马匹的命名，有西域风格，即毛色置于马名之后。有人说马名的前半部"特勤""飒露"，是职官或者地名，可备一说。什伐赤的"什伐"，大约就是"叱拨"的另一翻译，8世纪后半叶，有大宛进六匹骏马于唐玄宗，分别叫红叱拨、紫叱拨、青叱拨、黄叱拨、丁香叱拨、桃花叱拨。叱拨是粟特语"四足动物"之意。岑参《玉门关盖将军歌》："枥上昂昂皆骏驹，桃花叱拨价最殊。""叱拨"俨然就是名马的代名词了。

至于拳毛、白蹄，则是与马的外形有关。《史记》卷5《秦本纪》记载秦的先祖造父先生，就因善于养马驾车而获得周穆王信任，所驾八匹骏马，裴骃《集解》引郭璞语曰："八骏皆因其毛色以为名号。"

根据马的外形来命名骏马，也是西域的传统。《丝绸之路：中国–波斯文化交流史》的作者、伊朗裔法国学者阿里·玛扎海里就说，从张骞凿空开通丝绸之路之日起，第一批波斯马，由贵霜王朝或安息王朝送给汉朝。它们在中国获得了"汗血马"的别名。这一奇怪的名称，可能是指其皮毛上红斑，波斯术语谓之为"玫瑰花瓣"。马的毛色深，斑点就很鲜明，有"玫瑰花瓣"状皮毛的马，最受欢迎。他还说，波斯历史上有一位著名民族英雄鲁达斯塔赫姆（120~155），他的坐骑就是这种血与火的颜色。因为传说中认为，马匹毛皮与其性格是相一致的。血与火一样的颜色，象征火一般的性格，说明马以剽悍和疾速而出名。这个解释，我觉得比有人说"汗血马"是因为马有寄生虫病更靠谱。

丝绸之路上另外一个换取中国商品的外来品是珠宝。和氏璧是如何来到中原的，争议很大，已不可考。但中古时期，关于大食、波斯贡使以各种真珠、玛瑙、宝石进贡朝廷，以换取丰厚回赐的记载，充斥于唐宋时代的各类类书乃至正史之中。

据古代的波斯史家记载，8世纪初，倭马亚王朝许多什叶派穆斯林和阿里后裔，因躲避逊尼派穆斯林的迫害，逃至呼罗珊。这些人尔后又辗转逃往宽容的唐朝，他们在长安做生意，主要就是经营珠宝。宋人赵汝适《诸蕃志》记载大食国28种主要物产中，有"猫睛""真珠""珠子"等宝石类。可以说，珠宝是唐宋时期大食、波斯商人往来于东西方贸易的主要商品。

《太平广记》卷403的一个故事说，唐安史之乱后，有位叫魏生的千万富翁，参加了西域胡人客商的"宝会"（珍宝博览会），"胡客法，每年一度与乡人大会，各阅宝物。宝物多者，戴帽居于座上，其余以次分别"。大家都拿出自己的宝物来展示，"诸胡出宝，上坐者，出明珠四，其大逾径寸，余胡皆起稽首礼拜"。参加这次赛宝大会的大食、波斯胡商竟然有30多人。

胡人经营的宝物众多，且以古代文献中常见的"瑟瑟"为例，略作解说。唐末诗人温庭筠的《瑟瑟钗》："翠染冰轻透露光，堕云孙寿有馀香。"可见瑟瑟是妇女常用的头饰。中外学者研究认为，瑟瑟就是波斯语或者阿拉伯语jaza的译音，是出自西域的著名宝石，即天青石，《唐代的外来文明》的作者、美国学者薛爱华说：唐朝人用来指深蓝色宝石的"瑟瑟"这个词，通常是指"天青石"，但是有时瑟瑟也被用来指称蓝色的、类似长石类的"方纳石"，瑟瑟偶尔还用来指"蓝宝石"。

唐朝由西域地区输入的瑟瑟数量很大，公元750年，唐将高仙芝攻破西域小国石国，"大瑟瑟十余石"，此外还有名马、贵金属、宝石等。瑟瑟是上流社会常见的奢侈品。唐玄宗携杨贵妃幸华清宫，"于汤中（唐人谓温泉为汤），垒瑟瑟及丁香为山，以状瀛州、方丈"。就是说，以天青石材装饰温泉池，真是皇家气派。杨贵妃之姐虢国夫人华宅落成，赏赐给工匠，"以金盏瑟瑟三斗"。

丝绸之路上传入的西域珍宝，在宋元明清时期愈演愈烈。明朝皇室、达官贵族，都喜欢收藏珠宝、玉石。大贪官严嵩被抄家后，查出其家藏有"盘紫玉、墨玉、碧玉、黄玉、荒玉、花玉等，名番字玉板一片，千岩竞秀玉山一座，凡玳瑁、犀角、玛瑙、银宝石、琥珀、珊瑚、象牙、水晶玻璃、哥窑、柴窑、嘉峪石等物共二千余件。猫睛三十三颗，晕猫睛一颗，祖母绿二颗"。这些珠宝的来源比较复杂，但多数出自丝绸之路，是毋庸置疑的。

二、物质基础与政治互信

早在张骞之前，走通东西方通道的，是众多不知名的英雄。商周玉器，并不产自内地，而是通过"玉石之路"从新疆和田运来，就是这条路上的"走私品"。但是，为什么到了张骞之后，丝绸之路才真正建立和发展起来呢？这与丝路此端的汉唐帝国国力强盛密切相关。

先秦时期，玉石之路上的商品往来具有私人贩运性质，而且贩运的主体很可能是西戎民族。秦穆公称霸西戎，对于东西贸易的开拓有一定促进作用。秦朝及汉朝初年，匈奴几乎垄断了通往西域的道路，也自然垄断了丝路贸易。只是到了汉武帝之后，凭借父祖几代六十年的休养生息政策积累起来的国力，果断采取反击匈奴的政策，因此才有张骞的出使。

张骞来到大月氏新定居地（今阿富汗），引起他注意的是蜀地的竹制品和纺织品，当地人告诉他，这些物品是从印度来的，带着军事外交目的出使的张骞，不经意间发现了经过四川、云南到缅甸而至印度的商贸通道。张骞第二次出使时携带了更多的物品，分送出使诸国，虽然这不算官方贸易，却促进了西域诸部族和邦国来华。这些外邦来使，与其说是向风慕义，不如说是为了经贸往来。

继汉武帝建立河西四郡之后，昭宣时代和东汉王朝致力于建立西域地区的军事管理体制——西域都护，从而保障了这条贸易通道的畅通。

唐太宗贞观十四年（640年）对高昌（今吐鲁番）的征服，关系着西边国境的安全问题。其后高宗时期设立安西四镇以及伊西北庭都护府，对葱岭东西地区的羁縻府州实行了有效的控制，从而使唐朝的丝绸之路，比汉代有了更加长足的发展。可以说，汉唐时代的国力强盛是丝绸之路得以建立、巩固与发展的先决条件。

也可以这样说，中国历史上的边贸与周边羁縻府州体制以及朝贡体系建设，密不可分。这种边贸体系是中国与周边国家的政治关系的一种存在形式。这可以从两个方面来理解：一个是只有周边政治安全之时，边疆的丝绸贸易及其他相关贸易才能正常进行；另一个是只有政治上有互信，中国政府才愿意与之进行此种贸易。因此，周边的羁縻府州或者朝贡体系，不仅是保障中国政治安全的一种制度安排，也是对外发生经济联系的一种必要前提，是丝绸之路得以推进的必要前提。影响丝绸之路畅达与否的关键因素，不是商品价格，不是商品供给与需求，而是中国边疆地域及其与西部地区的政治关系与秩序。

物质基础的另外一个方面，就是交通设施的基本建设。

葱岭以西的道路建设，早在汉代官方开通丝绸之路交通之前，古波斯帝国和亚历山大帝国时期，就有相当的水平。

罗马和波斯，都很重视道路的修建与维护。以波斯帝国为例，修建了从帝国的四个首都，通向各地的驿道。在帝国的西部，有一条从古都苏撒（Susa）直达小亚细亚以弗所城（Ephesus）的"御道"，长达2400千米，每20千米设一驿站及商馆，亦有旅舍供过往客商留宿，驿站特备快马，专差传送公文，急件可逢站换骑，日夜兼程，整个路程7日到达。波斯皇帝夸口说，他在苏撒宫中能吃上地中海的鲜鱼，似乎比杨贵妃在长安吃上四川的新鲜荔枝有过之而无不及。在帝国东部，自巴比伦横跨伊朗高原，经中亚各城市而到达大夏（巴克特里亚，阿富汗北部地区）、印度。显然，波斯帝国的道路，把中亚、两河流域、小亚细亚、叙利亚和埃及串联了起来。亚历山大帝国时期，在从大夏到埃及的广大东方地盘上建立了以"亚历山大里亚"为名的新城70余座（经考古证实的不下40座），从地中海海滨向东蔓延到阿富汗、印度边境。在西汉张骞打通西域而建立起从中原经新疆至大夏的商路后，中亚原有道路网中的主要干线便成为丝绸之路的西段，从长安横贯中亚、西亚到欧洲，构成了陆上丝绸之路经济带。唐朝的安息烽火、元朝发达的驿站，都是保障这条丝路交通安全和便捷的必要措施。

《洛阳伽蓝记》卷3《城南》有一条对北魏"四夷馆"前来贩货的客商的记载："自葱岭已西，至于大秦，百国千城，莫不款附，商胡贩客，日奔塞下，所谓尽天地之区已。"这里的"商胡贩客，日奔塞下"已经把来华贸易的热络情景表现无遗。外商来了之后，"乐中国土风，因而宅者，不可胜数。是以附化之民，万有余家。门巷修整，闾阎填列。青槐荫陌，绿柳垂庭。天下难得之货，咸悉在焉"。据记载，这些侨居商人，即所谓西夷，"来附者处崦嵫馆，赐宅慕义里"。

边境的军事安全是丝绸之路畅达的另外一个必要条件。

唐太宗对来自昭武九姓的使者（他们关心的大约正是贸易）说："西突厥已降，商旅可行矣。"于是，"诸胡大悦"[①]。唐人文献和小说笔记里，商胡或胡商，是出现频率甚高的词汇之一。吐鲁番出土文书中，对贸易物品规格和价格的管理井井有条，就是为适应边境贸易的外商而订，当地居民是不可能有如此大量需求的。唐朝在边境地区，设置了管理商贸活动的"互市监"，安禄山和史思明最早在幽州做互市牙郎，就是管这项工作的。他们通"六蕃语"，与外商谈生意有优势。边贸开市，"市易之日，卯后，各将货物、畜产，俱赴市所。官司先与蕃人对定物价，然后交易"[②]。边境节度使热衷于边贸，是因为这是其重要的财政收入之一。而这笔收入，中央政府是把它计算在边军经费开支中的。《新唐书·西域传下》说："开元盛时，税西域商胡以供四镇，出北道者纳赋轮台，地广则税倍。"

丝绸之路上贸易的兴衰起伏，是中西政治秩序的晴雨表。汉唐时代，丝路是否畅通就看中国在西域地区的都护府以及羁縻府州的管理体制，是否能有效地运作。在丝路的西边，中古以降，则要看伊斯兰世界之间及其与地中海周边地区的关系，

[①] 《新唐书·西域传下》。
[②] 《白孔六帖·市部·互市》。

与欧洲基督教国家的关系。当蒙古人建立了横跨欧亚大帝国的时候,丝绸之路最为畅通。不仅阿拉伯人、波斯人、犹太人活跃其间,而且欧洲人也远道而至。马可·波罗一家就是顺着陆上丝绸之路来华,又从海上丝绸之路回国的。宋代,西北地区掌握在西夏政权手里,海上贸易因而兴盛。13世纪的蒙古帝国建立了横跨欧亚的大帝国,东西方贸易也空前高涨。《马可·波罗游记》中关于中国的记载,最为突出的描述集中在经济、商业、道路走向和地形上,反映了作者作为商人的主要兴趣所在。他不仅提到金银、宝石、珍珠、盐、稻米、谷物、大黄、姜、糖、香料,让他关注的还有瓷器、纺织品。他诧异地说,"大汗用树皮所造之纸币通行全国",当金银一样充军饷。国内的交通运输、关津道路、驿站,物价的管理,以及"蛮子"(原南宋地区)居民的工艺和经商才能,宏大而美丽的城市与港口,有着舟楫之利的广阔的水域系统,都令马可·波罗赞叹不已。

宋元时期,由于特殊的政治生态环境,政府鼓励海上贸易,南海地区的商贸货船,络绎不绝。政府设置了专门的市舶使和市舶司,管理外贸工作。在泉州、广州这些沿海地区,都有外商居住的"蕃房",有些管理港口贸易的职位就是由阿拉伯人或者波斯人充任。也就是说,即使是海上丝路,在中国也是招徕远人为主,主动走出去的,大约都是民间走私行为。

三、大航海：丝绸之路新走向

15世纪开始的大航海事业，是近500年以来最重大的事件之一，欧洲人的东来形塑了今日的世界格局。这一伟大事件背后，就与丝绸之路直接相关。

明朝初年，西域地区出现了哈密、别失八里、柳城、于阗、火州以及吐鲁番等割据政权。帖木儿汗国（1370~1507）控制了中亚，奥斯曼帝国（1299~1922）统治了西亚，特别是1453年拜占庭灭亡之后，丝绸之路的陆上通道和海上通道，都不同程度地受到阻碍。因此，15世纪欧洲人的大航海事业，其重要动力之一，就源自破除丝绸之路的阻塞，适应东西方贸易增长的需求。欧洲人不满意丝绸之路被西亚和北非的阿拉伯中间商人所垄断，他们这回携航海技术进步的优势，要直接走到东西方贸易的前台，航向所指，就是遥远的中国和印度！

在葡萄牙人1498年进入印度洋以前，东方商品运往欧洲和非洲北部的通道有波斯湾和红海两条。波斯湾一线是自波斯湾入口处的霍尔木兹上行至巴士拉，叙利亚和土耳其商人，在此提取赢利丰厚的商品，经西亚陆路运往叙利亚或黑海的大港口，威尼斯人、热那亚人和加泰罗尼亚（今属西班牙）人，前来这些港口购买提货。

取道红海的货物则多来自马六甲，经印度西南的卡利卡特（中国古书上的古里），或阿拉伯半岛南端的亚丁，进入红海，在图尔或苏伊士卸货，并由陆路运往开罗。到达开罗的货品一

序言 何问西东：丝绸之路与文明的交流互鉴

部分前行至亚历山大，直接由威尼斯、热那亚和加泰罗尼亚商人趸去；另一部分则由北非的撒拉逊商人，从亚历山大运往北非的各地中海港口和一些内地城市。

从中可见，传统丝绸之路的中端控制在穆斯林手里，在西端，整个欧洲的地中海贸易则主要被意大利人垄断。面对丰厚的东方贸易利润与东方消费品诱惑，欧洲各国真是羡慕嫉妒恨呐！于是西班牙和葡萄牙率先扬帆，目的就是寻求一条不受意大利人控制，也避开阿拉伯人要挟的通往东方的道路，清除远东与西欧之间丝绸之路上的所有中介掮客。

可是，西人东来，不仅冲破了中间商的盘剥与垄断，也冲击着中国政府特别是明朝政府在丝路所经南海地区的朝贡体系。明朝开始直接面对西方，中国商品通过澳门大量进入西方市场。万历八年至万历十八年，自澳门运往果阿的生丝每年3000多担，值银48万两，崇祯八年达到6000担，值银48万两。经由马尼拉运至美洲的中国商品则成为太平洋大帆船贸易中的主要货物来源[①]。世界市场对中国商品的大量需求无疑为中国沿海商品经济的发展开辟了广阔前景。中国主要外销商品，有瓷器、茶叶、布匹等，我们这里集中谈谈丝绸。

自拜占庭时期开始，欧洲丝织业的发展就离不开从中国进口丝料，17世纪60年代以前向欧洲市场供应中国丝绸的主要是葡萄牙人、西班牙人和荷兰人。据统计，明朝末年葡萄牙人贩

---

① 数据见万明：《中国融入世界的步履》，社科文献出版社2000年版，第281~282页。

13

卖到欧洲的中国丝织品超过100万西班牙元；西班牙人转手从马尼拉购进的以丝货为主的中国商品，每年高达133万西班牙元，运到欧洲的丝绸当不下70万西班牙元[①]；荷兰人往欧洲贩运的华丝则在7200~50000磅（每磅价值在12~16.2荷兰盾）[②]。

18世纪中叶以后，英国、法国和斯堪的纳维亚国家的商人在丝绸贸易中后来居上。各国东印度公司在对华贸易中输入大量中国生丝和丝织品，支持或刺激了欧洲丝织业，使得欧洲丝业告别了意大利垄断的时期，法国里昂和英国先后崛起。18世纪里，在茶叶贸易兴起之前，丝货是对华贸易中最有价值的物品，而到1884年之后它又取代茶叶恢复魁首地位。18世纪欧洲进口的中国丝货先以丝绸为主，后来转向生丝，到了19世纪前半叶，欧洲市场上一半的生丝都来自中国[③]。

18世纪各个东印度公司进口中国丝绸量有相似的变化趋势，18世纪30年代到40年代是顶峰，整个欧洲年进口总量最多可达75000余匹。此后逐渐减少，个中原因是本国丝织业在发展。英国自18世纪70年代开始，东印度公司就不再进口丝织品，只有散商少量进口。与丝绸进口量减少相应的则是18世纪50年代起，生丝进口量明显增多。以英国为例，18世纪中期以

---

① 全汉昇：《自明季至清中叶西属美洲的丝绸贸易》，载全汉昇著《中国经济史论丛》第一册，香港新亚研究所1972年版，第432页。
② 参见庄国土：《论明季海外中国丝绸贸易（1567—1643）》，载《中国与海上丝绸之路》，福建人民出版社1991年版，第38页。
③ 阿第史德：《1400—1800欧洲与中国的物质文化：消费主义文化的兴起》，第84页。[S.A.M.Adshead. *Material Culture in Europe and China,1400-1800:the Rise of Consumerism*,（London & Newyork,1997）.]

前英国主要进口波斯和孟加拉所产生丝,波斯和孟加拉生丝质量不如中国,但价格便宜,同时英国在18世纪初控制了孟加拉的丝产地,也为进口孟加拉生丝提供方便。

整个18世纪英国各贸易季进口华丝的数量都起伏不定,且波动幅度相当大。总体来看,18世纪前半叶在一个低水平上起伏,很少有年份超过5万磅,最少的年份则不到1000磅;18世纪后半叶则在一个高于10万磅的水平之上波动,有的年份在10万磅左右,有的年份接近55万磅。前后两期差别巨大的重要原因是,英国纺丝技术和设备大大发展,开始需要高质量的中国生丝纺造更精致的丝绸,同时也要摆脱对意大利高级丝线的依赖。与之相类的是瑞典,它在1775年后只进口生丝而不进口丝绸。不过可以看出,英国进口华丝数量在18世纪90年代又呈下降趋势。

但荷兰公司有点与众不同,在18世纪对进口中国生丝不感兴趣,偏爱进口丝绸织品,这曾对荷兰纺织业构成威胁。荷兰主要制造商于1740年、1770年两度向东印度公司董事会请愿,要求限制丝绸进口而多运生丝和丝线,但遭公司拒绝。进口丝绸应该是受其高额利润的诱惑,更确切地说是出于对高额利润的期望。丝绸数量与其毛利率非常吻合市场供求规律,每当进口丝绸数量减少时,毛利率便提高,诱使公司在下一贸易季增加丝绸进口量,但结果导致毛利率下跌,于是又减少进口量,如此循环往复。

中国在对外贸易中始终处于出超地位,积累了大量白银。于是,随着墨西哥地区白银开采量的减少,为了平衡中外贸易，欧洲主要是英国人开始向中国销售毒品鸦片，从而使中西贸易变成了毒品换取商品的畸形结构，乃至导致激烈的政治和军事冲突。历史于是来到了另外一个十字路口。

我们从近代的剧变中，可以进一步审视历史上丝绸之路的政治与经济关系，究竟有何特点。

众所周知，明朝初年的郑和下西洋，其目的并不是拓展海上贸易，而是巩固中国与南海地区的政治关系，客观上带动了海上朝贡贸易及民间走私活动。1500年以后的变化是，欧洲人东来，明清王朝开始直接面对西方，没有了东南亚人和波斯人、阿拉伯人的中间商，中国方面反而局促不安起来。或者说，没有政治上的互信，中国政府对于直接与陌生的欧洲人做生意，满腹狐疑，缺乏自信。

清朝在康熙朝巩固了对沿海和台湾地区的统治后，基本上把海上贸易集中在广州一地的十三行。为什么中国政府一次次拒绝欧洲国家主动贸易行为，诸如订条约、设使馆、开商埠？就是因为历史上中国的陆上或者海上的丝路贸易，都是中国与周边国家政治关系的一部分，政治上的互信与经济上的往来密不可分。尽管汉唐时代也有马匹之类的军事物资进口，总体上说，进口物资只是满足上层的奢侈品需求，与内地农业经济发展，没有紧密的联系。

可是这一次，18世纪、19世纪的中国，面对的不再是传统意义上的朝贡体系，欧洲人也没有任何奇珍异宝可以平衡中国在丝绸、瓷器、茶叶等对外贸易的巨额出超。于是，大量白银涌入中国，冲击着中国的金融秩序，朝廷财政严重依赖白银进口，中国东南地区的产业分工甚至也依赖对外贸易。这是汉唐时期不曾有过的。于是，当欧洲人为了平衡贸易逆差而向中国销售毒品鸦片时，经济贸易演变成政治和军事冲突，已经不可避免。

四、丝绸之路上的文明互鉴

丝绸之路上不仅有物质文明的互通有无、文学艺术的交流互补，而且有思想与制度上的交流互动。其中最突出的事例是中古佛教文化东来的冲击，以及近代早期西方启蒙时代中国文化对欧洲的影响。

佛教入华经历了曲折的过程，非佛灭佛运动，也不是一次两次，但是，佛教对中国社会和文化的影响至深且巨。

东汉到唐末八百年间，大量梵文佛经被译成汉文，不仅促进儒家思想的发展、宋明理学的诞生，而且使中国道教从原始巫术形态转型为有思想体系和传承世系的宗教。佛教音乐与艺术对中国文化的影响也是章章可见。就是从丰富汉语词汇而言，也是厥功甚伟。数以千计的佛家词语进入汉语新词汇中：有梵语音译词变成中文熟语，如"涅槃""般若""菩提""瑜伽""刹那""袈裟"等；有用汉字新造词来表达佛教的特定含义，如"真如""光明""法界""众生""因缘""果报""地狱""天堂""无量""方便""圆通""不可思议""不二法门""五体投地"；还有汉语词汇因佛经借用而使其词义发生变化，如"本师""祖师""居士""侍者""眷属""长老""布施""供养""烦恼""印可"。

《魏书·释老志》《隋书·经籍志》,宋、齐、梁、陈、隋各书以及南北史等历朝正史已经开始收录这类词语,文人更常在作品中引用佛经词语。发展到唐代,这类与佛教有关的新语汇也足可称蔚为大观,同时由于佛经汉梵交错,字义多变,使用辞书很有必要,这些都促成对专门性辞书的需求。陆德明《经典释文》是中国第一部为儒道典籍注音释义的专书辞典,也是汉魏以来群经音义的总汇。唐人作品《一切经音义》(又名《慧琳音义》)103卷,从1300多部佛经中收词释义,训解四万多字,成为佛经音义的总汇。至今有些词语如"世界""解放""发愿""真相",究竟是佛教词语,还是佛教影响下造作的词语,已经很难辨认了。

明清时期,由于耶稣会士为主的西方人士的推动,中国文化与思想被大量传介到了欧洲,以至于成为欧洲思想界的时髦、社会大众的时尚。

"中国趣味"(Chinoiserie)是指17世纪和18世纪在欧洲的室内装饰、家具、陶瓷、纺织品、园林设计方面所表现出的对中国风格的奇异的欧洲化理解,它的出现成为促进巴洛克风格(Baroque)向洛可可风格(Rococo)转变的一个因素,而洛可可作为一个时代的艺术风格和生活模式,又成为知识界以外的欧洲民众看待和理解中国时所戴的有色眼镜。中国趣味的形成得益于中国商品大量进入欧洲,以及耶稣会士、旅行家对中国文化的反复介绍。

中国趣味与中国的伦理、政治、儒学、历史、文字等相比,是非常抽象的东西，归结起来反映了欧洲人在日常生活中对异国情调的追求，而其直接灵感就来自那些从中国进口的商品，如瓷器、漆器、织物、壁纸。这些东西的造型和绘制的图案无不令欧洲人耳目一新。所以有人指出，尽管欧洲的中国风在18世纪中期才达到巅峰，但它早在16世纪葡萄牙商人开始将瓷器等中国艺术品运销欧洲时就开始酝酿了。这一时期有大量各式各样的中国特产来到欧洲，令人眼花缭乱，忍不住竞相获取。中国商品像是撞开了蒙在欧洲人艺术和审美之眼上的一层雾障，像是为欧洲人指引出生活的快乐之门，因此大受欢迎。17世纪末的一位作家曾在《世界报》(World)上说，中国壁纸在豪宅中极为流行，这些房子里挂满最华丽的中国和印度纸，上面满绘着成千个根本不存在的、想象出来的人物、鸟兽、鱼虫的形象。18世纪初，中国丝绸也已在英国蔚为风尚，公众审美观由东印度公司的进口商品所指导，连当时的安妮女王也喜欢穿着中国丝绸和棉布露面。17世纪末，英国东印度公司运来的一船又一船瓷器刺激了英国和欧洲市场对这类商品的需求，英国上流社会以收集和展示瓷器相标榜。类似的风气在路易十四时代的法国宫廷同样盛行，路易十四也热衷于通过东印度公司获取大量正宗的中国漆器和其他物品，他一生都对中国艺术品及其欧洲仿制品兴趣盎然，18世纪中国风尚在法国的流行，就受到17世纪末期路易十四宫廷习气的促动牵引。

进口中国商品俘获了欧洲顾客的人心，本地的生产者和经销商自然不甘寂寞。出于产品竞争的考虑或借助时尚获利的目的，开始模仿这些中国的橱柜、瓷器、绣品上的装饰风格，这便产生了中国趣味。大体而言，较早大量使用这些中国器物的欧洲国家也较早开始出现中国趣味，17世纪前几十年先是英国和意大利的工匠模仿中国风格，然后其他国家的工匠纷纷效尤。先是工艺品和日常用品等小物件的仿制，如制造瓷器、丝绸、壁纸；进而是室内装饰与园林设计这些大工程，诞生了风靡一时的"英华园林"并在今天都留下许多建筑痕迹。

东印度公司为了使中国商品更符合本地需求，早早就开始采用给中国工匠提供加工图样的方法，比如英国东印度公司在17世纪末就知道让中国的工匠加工一些具有欧洲风格图案的瓷器迎合欧洲顾客，而英国公司将家具模型运到中国制成漆器的做法在18世纪初期达到顶峰。这样便形成了中国趣味的另一个制造地。总而言之，这些带有中国人艺术观感和手法的欧式图案，与那些在欧洲产生的烙刻欧洲风味的所谓中国图案，都是为迎合欧洲人的口味而诞生的，都是文化混合和变异的结果，对欧洲人而言都是异国情调和这个时代生活理想的表达，并且是通过一种变异和夸张的中国图像来表达。比如18世纪中期进口到欧洲的中国玻璃画，常见的主题是富裕的中国男女在树荫下悠闲舒适地生活，或者中国仕女带着贵族式的无所事事的忧郁神情坐在花园或田野中，这都是专门设计来吸引欧洲买主的。这不难理解，当时的欧洲，英国已经产生大批富裕悠闲的中产阶级，法国那些被剥夺了政治特权而依然经济富有的贵族则麇集在宫廷，百无聊赖地以虚度光阴为最高追求。这些中国画正迎合了欧洲上流社会的追求。

在中国加工的瓷器有很多也同样增加了具有欧洲式快乐情

调的装饰，最具代表性的就是清乾隆年间纹章瓷的装饰变化，1735～1753年以素净的葡萄藤或花蔓装饰最多，1750～1770年则是显著的洛可可式装饰，1770～1785年转而为缠绕葡萄藤的黑桃形盾牌，1785年之后黑桃形盾牌开始嵌入蓝黑边线和金星，1795～1810年则变成由深蓝色菱形花纹围成的圈。1765～1820年欧洲市场上有大量中西参半的由菱形、符号、花朵和蝴蝶构成图案的瓷器。中国进口瓷器亦做成符合欧洲人需要的形制，比如英国公司订购的便以英国银器为模型，而此风以清雍乾时期最盛。如此一来，欧洲人看到的究竟是中国瓷器还是欧式器皿，是中国人的生活风貌还是欧洲有产阶级的人生理想？恐怕他们都自以为从这些图形、纹饰、质地、形状中所看到的就是中国。

中国趣味不仅是由有形物品激发而成，也受到耶稣会士文学和游记作品中相关叙述的影响，它可以说是这个时代关于中国的整体理想的一部分，这种情况尤其适用于对中国园林的认识。随着耶稣会士极力推崇的中国古代儒学成为一些启蒙思想家的灵感之源，包含于这种哲学中的造园思想和由此产生的装饰艺术也相应成为当时欧洲一些艺术作品的模型。为启蒙时代的欧洲知识界所广为称道的中国哲学和文化思想正是新的园林艺术成长的沃土。在《利玛窦中国札记》中，利玛窦评价了南京的瞻园，提到花园里一座色彩斑斓未经雕琢的大理石假山，假山里面开凿了一个供避暑之用的山洞，内中接待室、大厅、台阶、鱼池、树木等一应俱全，洞穴设计得像座迷宫。几十年后，葡萄牙著名传教士曾德昭于1613～1636年在华长达23年，他在归国途中写成的《大中国志》再次唤起人们对中国园林的印象。他说中国人喜欢在庭院和小径上植花种草，在园中堆假山，养金鱼和各种珍禽美兽，圆形、方形、八角形的宝塔造型美观，有弯梯或直梯，外侧有栏杆。奥地利耶稣会教士白乃心（1623~1680）也描述过中国人的花园，说它们绿意盎然、令人愉快，因为很方便从河中汲水来浇灌。

最重要的描述来自17世纪荷兰使团总管尼霍夫（Jan Nieuhoff）的作品《荷使初访中国记》。尼霍夫的行记不仅多处提到中国园林景致，而且总是赞不绝口。比如赣州附近某镇的几座自然逼真的大假山，泰和城外的拱桥，南昌一座道观的盘龙柱，湖口城北的假山及旁边的精美宝塔。他对宝塔似乎格外感兴趣，说安徽境内繁昌有一座宝塔，有尖尖的塔顶和陡陡的塔檐，很有意思。清江浦、宿迁、故城、青县都有引起他注意的，或美丽壮观或式样古朴的宝塔。南京报恩寺的琉璃塔虽然已毁，但尼霍夫还是绘声绘色地描述它有九层，一百八十四个阶梯，里外有漂亮的塔廊，琉璃生辉，塔檐的檐角所挂铜铃随风奏乐。北京的御花园被他称为从未见过的漂亮地方，因为里面满是悉心栽培的果树和精心建造的房屋。图文并茂的尼霍夫著作问世之后就如同当年的《马可·波罗游记》那般风行，可想而知它对欧洲民众之中国观感的影响力。其实尼霍夫的原文介绍十分简单，然而市面上的各种版本都并非尼霍夫原书，而是经编者多方润色的版本，其中对中国风物的描述想来远比上文所引述的生动详细，而这些生动的描述无疑包含了大量从未到过中国的欧洲人的想象。可是，正是这些想象大于真实、道听途说来的信息才是点燃欧洲那些园林爱好者想象之光的火炬。夸饰之词助长了那些据说存在于中国的非凡建造物的魅力,而大家又都没去过中国,想驳斥那些迷人的叙述也无凭无据,又逢17世纪末的人们开始厌烦那种中规中矩的法国园林,正需要有个释放想象、创造自由空间的借口。

第一章

传说与真实
先秦时代中西关系的初曙

第一章 传说与真实

先秦时代是中西关系萌芽时期。这时期的中西关系,就像东西方各民族自身的历史一样,充满了神秘和离奇的故事。周穆王西巡见西王母、神秘的希伯波里安人、赛里斯和秦尼国……历史的真实与神话传说,交织在一起,恍兮惚兮,如画如诗……

一、周穆王西巡见西王母

周穆王,历史上实有其人。他是西周立国后在位的第五位天子,《史记·周本纪》里说他即位时已50岁,在位有55年,就是说活了105岁。也不知从什么时候开始,黄河流域里就流传着这位英武的天子西巡见西王母的故事。

也许这又是一段"层累地构造的历史"。《国语》里说"穆王将伐犬戎"。《左传》里讲"穆王欲肆其心,周行天下,将皆有车辙马迹焉"。《史记》已经为我们描写得比较具体了:一位名叫造父的优秀驾车手以善驾为穆王所器重,穆王"西巡狩,见西王母，乐而忘归"。到了晚出的《竹书纪年》《穆天子传》的描写就更具体了，有穆天子会见西王母的时间、地点、场景与故事。说在穆王即位的第17年，由秦族的祖先造父驾着马车西巡到昆仑山，在那里与西王母畅饮于瑶池之上，有歌舞助兴，鼓乐喧阗。据说昆仑山这地方是一片美好的乐土：到处是"鸾鸟自歌，凤凰自舞"，老百姓食凤凰之卵，饮甘露琼浆。

西王母是何许人也？自来便说法不一。清代四库馆臣们说："西王母者，不过西方一国君。"剥去了她身上神秘的面纱。也有人与西方典籍相印证，说西王母乃阿拉伯南部古代一位叫示巴（Sheba）的女王，《圣经》"旧约·列王纪"里有示巴女王往见以色列王所罗门的故事，其时代正约略与周穆王时代相当。《史记·大宛列传》说西王母在"条支西，近日所入"，迹近地中海岸。但据《汉书·地理志》则西王母石室位于祁连山南麓，等等。也就是说，穆天子所见的西王母所在地，竟从河西走廊延伸到阿拉伯国家，甚至西亚、欧洲。由于记述此事最详的《穆天子传》乃小说家言，又系晚出，许多人怀疑周穆王见西王母未必真有其事，甚至西王母也未必真有其人。但是，这个故事本身却说明了黄河流域的华夏族对中亚及西亚地区已经有了一些历史地理知识，也反映出早在公元10世纪以前，黄河流域与葱岭（今帕米尔高原）以西地区已经有了比较牢固的联系。据说周穆王西巡时带去了大量丝绸、铜器、贝币，赠予所到之处的酋长。各地酋长也回赠以马、牛、羊、酒和玉石之类。这种赠物贸易反映了当时中西之间物质文明上的互通有无关系。

其实，考古资料表明，黄河流域同帕米尔高原以西地区的交往比周穆王（约前1001～约前974）还要久远。石器时代，中外居民就有某种间接的或偶然的接触与影响。青铜时代中国商文明远在周边诸国之上，商代的青铜冶炼技术和制造工艺都会对周边国家产生不同程度的影响。人们在贝加尔湖地区发现的卡拉苏克文化（约前1200～前700，即中国的商周时期）遗存中，找到了形制与安阳商代出土的文物类似的陶鼎、陶鬲30余件。青铜刀和半圆形装饰品是卡拉苏克文物最典型物品，其中可以看到商代青铜文明的痕迹，因为它们在形制、材料上与安阳出土的商代文物完全一致。内蒙古出土的铜锛、铜戈，就好像是两者之间的中间环节。另外，伏尔加地区发现的塞伊姆文化时代在公元前14～前8世纪，比安阳商文化还早。安阳出土的青铜兵器也有与塞伊姆文化中同类文物接近之处。只是塞伊姆文化的青铜刀柄端装饰的整匹野马，在商代青铜刀柄端变成了马头；塞伊姆式空銎斧的简单纹饰，在安阳出土的铜斧上变成了饕餮纹饰。

根据事实推测，早在殷商时代就有人从中国北部迁徙到叶尼塞河流域。人们对卡拉苏克人骨的研究说明，来自华北的蒙古人种曾大量渗入该地区，与当地居民融为一体。人种的迁徙和文化的传播至少在3000多年前的欧亚草原上已经相当频繁。学者们认为，当时从华北进入南西伯利亚的民族就是中国史书上的丁零人，商周王朝几次对翟族（丁零别名）鬼方的进攻，是迫使该族向北方草原迁徙的原因，所以丁零人的分布恰好与卡拉苏克式文化的分布相吻合。①

进入春秋时代，中原诸国的"攘夷"活动对周边戎狄部落展开了攻势。特别是秦国向西拓展空间，是几代人追求的事业。到秦穆公时代，遂霸西戎，西戎无力东顾，被迫西迁，从而引起了公元前8世纪中亚民族的大迁徙。希罗多德等西方学者笔下的斯基泰人据说就是中文史料中的九州戎。他们从东北向西南移动，于7世纪中叶出现在中亚。斯基泰人本为亚述帝国的友邦，公元前612年忽然会同其他游牧民族攻破亚述都城，这距秦穆公逐九州戎不过十来年。

战争与民族的迁徙促进了文明的交流。西方人最早所知道的中国以"秦"为代表，自然与斯基泰人西迁有关。中国文化也受到斯基泰人的影响，赵武灵王的胡服骑射近看是学自匈奴，远看则是受到斯基泰文化的影响。从公元前8～前4世纪，斯基泰人分布在从黑海到西伯利亚之间，他们吸收亚述文化、古伊兰文化、古希腊文化和中国文化而形成独具特色的斯基泰文化。春秋战国时期，斯基泰文化中最具特色的动物纹饰和带钩也都通过匈奴人而传入中国。

总之，尽管周穆王西巡见西王母的故事充满了想象与传奇，但它背后所包含的历史真实却是丰富多彩而又确凿无疑的。

---

① 参见王治来：《中亚史纲》，湖南教育出版社1986年版，第18～19页。

第一章　传说与真实

二、神秘的希伯波里安人

当黄河流域里流传着"西王母"的故事时，地中海边的古希腊也有一首关于远东的希伯波里安人（Hyperborean）的动人传说。

在巴尔干半岛与小亚细亚之间的马尔马拉海中，有一个美丽的小岛。岛上住着一位名叫阿里斯特（Aristeas）的传奇性旅行家。旅行家写了一首《阿里玛斯培》（*Arimaspea*）的叙事长诗，诗中记述了他的一次远东旅行，提到了许多东方民族，还有怪异的动物、雕头狮身的金库守卫神。自希罗多德以来，许多西方学者就不断地试图给这些民族定位。因此，尽管阿里斯特的叙事诗早已散佚成断简残篇，他介绍的故事却由于在西方享有"历史之父"名声的古希腊历史学家希罗多德的转述而广为世人所知。

诗人笔下提到的希伯波里安人居于最东部，遥远的北方吹来的地方。他们神圣、纯洁而善良。那里群山环抱、气候宜人，没有仇杀、没有战争，人们都长生不老。诗人说，主神宙斯之子洛格里斯就是从希伯波里安人那里获得长生不死的金苹果的。除了神仙和英雄，凡夫俗子是无法进入这片乐土的。被妒火攻心的天后赫拉驱赶的宙斯情人媛娥，也只能被赶到希伯波里安人的西邻阿里玛斯培那里，再远一些是不可能的。

关于诗人阿里斯特其人，自来便众说纷纭，评价不一。有人说他神秘兮兮，是活脱脱的毕达哥拉斯的信徒；有人说他记

7

事信实，不愧为《荷马史诗》作者的老师；还有人说他的记载只是萨满教徒的神游梦呓；更有人骂他是江湖骗子。比较一致的看法是，阿里斯特生活在公元前7世纪的后半叶，希伯波里安人的故事在他之前很可能就已经流传。以《农作和日子》《神统记》等诗作而闻名的古希腊杰出诗人赫西俄德（前8世纪）就提到过希伯波里安人，稍后的著名叙事诗人平达（约前518～前446）也将关于希伯波里安人的故事追溯到公元前7世纪以前。只是到了19世纪晚期，两篇德语文献提出大胆猜想，认为善良温和的希伯波里安人（德文作Hyperborer）就是古代的中国人。20世纪60年代，又有全面整理辑集阿里斯特长诗的英国学者进一步坐实阿里斯特的东方之旅确有其事。说他不是希罗多德所认为的那样是上帝的显灵人世，倒很可能是一位阿波罗神甫（阿波罗为主管光明的神），他旅行的目的就是要到幸福的希伯波里安人那里去。根据古希腊神话，主管光明的神要到那个地方度过冬天，并享受100条驴的隆重祭典，然后再乘坐天鹅御辇回到天堂。阿里斯特的这次旅行可以说是一次"朝圣之旅"。他为了寻找上帝的故乡，首先来到了俄罗斯，顺着北风之神的指引、顶着西伯利亚的寒流，继续往东行，一直走到了东亚腹地。

20世纪90年代初，又有德国学者在研究早期中欧关系时再一次肯定阿里斯特笔下的希伯波里安人应该就是欧洲关于中国的最早知识。人们解释希罗多德《历史》中曾记述过的公元前8～前7世纪那场民族大迁徙时就说，当时所有的蛮族都卷入了那场亚欧民族的流动之中，唯独安静的希伯波里安人例外，原因就在于他们是安守本分的农耕民族，与斯基泰那样的游牧民族不同。人们考证出与之相邻的阿里玛斯培人是蒙古种族，他们对黄金的追求（雕头狮身兽守护金库之类），甚至可以从蒙古语中阿尔泰山即金山的命名中看出来。还有人把山脉南边及西南边的伊塞顿（Issedon）人解释为中国文献中提到的乌孙人。总而言之，阿里斯特的记载足以使人相信，他几乎就要达到远行的目的了，希伯波里安人就在他不远的前方。只是遇到了非人力所能克服的障碍，他才无缘进入那块幸福的乐园。乌孙人向他讲了许多恐怖的故事。这使后人想到，是那些居间牟利的商人施诡计，也许他们不愿放弃东西方贸易的中介地位，于是编了许多吓人的鬼话，就像汉代甘英后来在安息条支碰到的情况那样。

总之，阿里斯特的描述长期影响着西方世界对东方的认识。正是他的故事描述了从顿河到阿尔泰山的这个草原走廊上的各种景观与各个民族。这条草原走廊实际上存在着一条欧亚大陆间的商业通道。阿里斯特的东方之旅，谁能保证不是一次出于商业目的的旅行呢？也许是做黄金、皮毛生意，也许是还有大黄生意，因为大黄正是乌拉尔山及阿尔泰地区特产的贵重药材。

三、赛里斯与秦尼国

如果说希伯波里安人的国家，更多的只是一则美丽的神话，那么丝绸之路上传来的柔软亮洁的丝绸，却是一个真实的故事；

如果说只有一部分学者证明希伯波里安人是中国人的话，那么，赛里斯（Seres）和秦尼国（Thinai）则被公认为古代对中国的称呼。

古典时期西方关于亚洲和远东的认识跟希腊罗马时代的地理学成就是分不开的，是西方对整个世界认识的重要组成部分。大体说来，亚历山大东征以前，欧洲人对亚洲的认识是很肤浅的。最早的西方地理学家把里昂河作为欧亚大陆的分界线。希罗多德把亚洲分为上亚洲和下亚洲。希腊人对美索不达米亚以东地区的认识基本上是模糊不清的，印度当时被视为世界的末端，在地理学家的笔下，过了印度就是一片沙漠了。斯基泰地区被描写成一个方块，位置大体相当于南俄罗斯的范围。这里按南北方向依次被划分为没有树的灰色草原、有树的草原和荒漠草原，再向东便是乱石遍布的狩猎民族地域，它大概相当于今天的哈萨克斯坦。而在高山山麓地带居住着一些采集野果为生的民族，那可能相当于阿尔泰山山麓。

亚历山大（前356～前323）远征以后，一个未知的神秘亚洲展现在欧洲人面前。亚历山大的军队前锋曾及于阿姆河（乌浒水）和锡尔河（药杀水）之间的粟特地区。欧洲人不得不全面修正对世界的认识，因为人们发现锡尔河、印度河以东还有大批陆地。亚历山大的军队曾到喜马拉雅山砍伐木材，打造进攻印度的船队。于是，关于东方的传闻多了起来。从亚历山大的部将俄内西克里特（Onesicritus）的嘴里就传出这样的故事：曾在波斯王宫任御医多年的克泰西亚（Ctesias）在《印度记》中记载过，远东的赛里斯人和北印度人一样身材高大，寿逾200岁。亚历山大的另一位部将尼亚古（Nearchus）据说在屯驻北印度时曾见过赛里斯人所制作的衣袍。这些可以说是欧洲文献中最早提到赛里斯的记载。

亚历山大的东征，不仅增进了西方对远东地区的认识，更重要的是推动了东西方文化交流。古希腊文明随着亚历山大军队的铁蹄经中亚、阿富汗，最终同印度的佛教文明相遇。亚历山大在亚洲的遗产留给塞琉古一世后，塞琉古王朝与印度孔雀王朝（约前324～约前187）或战或和，交往频密。阿育王时期建立起一个幅员广阔的大帝国，使佛教在中亚、波斯乃至希腊、埃及地区都有传播。希腊文明与古印度文明在西域地区相碰撞，结出了新的文明果实。这中间当然也有中国文化的影响。至迟在公元前4世纪中国丝料就已输送到了印度。古梵文里许多与丝有关的词语，都与它的原产地"支那"（中国）这个词有关。

"支那"在欧洲的文献中又拼作"秦尼"（Thinai）。"秦尼"最早见于公元前1世纪某佚名作者的《厄立特里亚航海记》中。这个时期由于罗马人的积极活动，地中海东西两端的门户已经打开。在西边，通过西班牙和高卢的港口，可以通向大西洋；在东边，通过与印度和中国的贸易，加强了同红海、印度洋以及中亚内陆的联系。《厄立特里亚航海记》的作者可能是一位定期与印度做生意的商人。他所说的厄立特里亚海包括红海、阿曼海和印度河地区。他的东段航程经过印度河口、斯里兰卡、恒河河口。若再往前行，就是克里塞岛和秦尼地区，克里塞岛就是今天的马六甲半岛，秦尼则相当于中国的南部地区。这是欧洲人第一次谈到从海路接近中国的地方。

希腊罗马时代的学者追求一种对世界整体的认识。他们极力想描述有人类居住的地球真面目。他们探索地球的形状，推测人类居住地的长度，计算通往各地的里程，总想集大成地编纂出关于自然和人类的百科全书，遥远的东方当然也在他们关注之内。如纪元前后的著名学者斯拉特波（Strabo，约前64~23）在十七卷的《地理书》中记载地球的圆周长252000希腊里，修正后为39000多千米，与地球的实际周长40000千米已很接近。但他对赛里斯仍只能重复"寿逾二百岁"的古老传说。公元1世纪的梅拉（Pomponins Mela）在《地理志》第一卷中说亚洲的东方有印度人、赛里斯人和斯基泰人，"赛里斯人住在临近东海岸的中心，而印度人和斯基泰人（Scythian）栖身于边缘地带"。公元2世纪的古罗马杰出地理学家托勒密（Clandius Ptolemy）又根据前人的各种记载，总结性地描述了赛里斯和秦尼的方圆四至，主要城市名单及其经纬度。他在所著《地理书》的《人类栖息地区土简述》中说："我们所居住的这部分地域四至如下：东部是大亚细亚，越过秦尼和赛里斯国诸部等东方民族之外是一片未知之地；南部同样也是一片环绕印度海的未知之地；北部未知之地位于越过大亚细亚北部，萨尔马特（Sarmatie）、斯基泰和赛里斯国之外。"托勒密曾经计算过距赛里斯国首都赛拉城（Sera）和秦尼（Thinai）国首都秦奈（Sinai）的路程。根据是一位名叫梅斯（Maes）的富商留下的记述。这位富商虽然没有亲身到过赛里斯，但是他们经常派人从幼发拉底河前往石塔地区（帕米尔山地的塔克库尔干），又从石塔再到赛里斯的首都赛拉，仅后者就有步行七个月的路程。托勒密认真地校正前人在计算中的欠缺，比如考虑到风雨的阻隔及道路的迂曲等因素，他精算出从幼发拉底河河道到石塔的距离为24000希腊里，而从石塔到赛拉城的距离当为18100希腊里。

托勒密的著作有26幅地图，亚洲占12幅。在第8卷中的附图介绍文字中有对赛里斯和秦尼国家及城市的进一步的地理描述。虽然其中许多古怪的地名，也许永远不会有人能够弄清楚是什么地方，但秦尼的西北是赛里斯人，印度的东北是秦尼人，他们居住在人类的最东端，这些则是十分清楚的。毫无疑问，秦尼和赛里斯应该就是古希腊罗马时代的欧洲人从地理方位上所能确定的包括今天中国在内的远东地区的概念。

总之，在张骞通西域、丝绸之路开通之前，东西方之间早就声问相通，互有往来。"草原之路"与"绿洲之路"正是早在丝绸成为主要商品之前东西方交流存在的具体表现，它们可谓丝绸之路的前身。

"草原之路"通常是指始于中国北方，经蒙古高原逾阿尔泰山脉（Altay）和准噶尔盆地进入中亚北部哈萨克草原，再经黑海北岸到达多瑙河流域的通道。古代游牧民经常利用此通道迁徙往来，来自东欧的印欧语系族群斯基泰人，在公元前2000年就是沿此通道由西而东，并南下印度，或东北行至阿尔泰地区。有关商代的文献记载从另一个方向表明了"草原之路"的存在。商朝建立之前，先民的迁移就非常频繁，此后商代在国家巩固和领土扩张的过程中，同北方少数民族经常发生战争，促使他们向更北方向迁徙。因此，中国北部边境的众多古代民族长期在"草原之路"一带活动,他们与斯基泰人共同构成"草原之路"上的文化交流媒介。

"绿洲之路"是指位于"草原之路"南部,由分布于大片沙漠和戈壁之中的绿洲城邦国家开拓出的通道。它们由连接各个绿洲的一段段道路和可以通过高山峻岭的一个个山口衔接而成。这条通路逐渐成为欧亚大陆间东西往来的交通干线。据说周穆王西巡就是沿着这条道路,虽说穆天子的故事未必真实,但考古发现已将这条道路的出现时间追溯到远早于周穆王的时期。多年的考古发现表明,中国中原的玉器至少有7000年的历史,这些出土玉器几乎都属于软玉,而迄今所知中国的软玉产地除台湾花莲丰田地区外,主要是新疆和田。《管子》《山海经》《穆天子传》等先秦文献中对古代中原地区所用之玉多取自和田、昆仑山等地就有不少记载。已出土的殷商玉器则确然以和田玉占绝大多数,使先秦史籍的记载有了物证。公元前5世纪上半期,秦国向西的发展开始停顿,新兴的赵国则征服山西西北部的一些部落,可能同当时势力东达河套的月氏人有了接触,于是阿尔泰山所产玉石源源不断输入赵国。和田玉石与阿尔泰玉石流传到中原的通道无疑正是"绿洲之路",按其先秦时期所输送的重要物品,又可称为"玉石之路"。

第二章

胡天汉月

秦汉中西关系的开辟

第二章　胡天汉月

世人常将秦始皇与汉武帝并提,所谓"秦皇汉武,略输文采;唐宗宋祖,稍逊风骚"即是。就开疆拓土、雄才大略而论,秦皇、汉武确实各有千秋。但就拓展中西文化关系而言,则秦始皇似乎要逊色于汉武帝。与秦始皇热衷于修长城不同,汉武帝则致力于抗击匈奴、经营西域;与秦始皇派徐福到东海去寻求长生不老药不同,汉武帝则醉心于引进西域地区的物质文明,从而迎来了中西文化关系的第一次高潮。

在欧亚大陆的西头,强盛的罗马帝国一度成为横跨欧亚的世界性帝国,与东边的秦汉帝国相辉映。在两大帝国之间则有许多游牧民族或半游牧民族。匈奴在汉朝打击下的西迁,促进了中亚一些民族的迁徙,从而为东西方文化交流增添了丰富多彩的内容。

一、张骞通西域

汉武帝时张骞(前167? ~前114)出使西域,是中西交通史上的划时代事件。至于汉武帝为什么要派遣张骞出使西域，则必须从汉匈关系谈起。

匈奴是秦汉时代北方草原民族，秦始皇之所以修万里长城，就是为了抵御匈奴。公元前209年，即刘邦起兵的那一年，一个名叫冒顿的新单于杀父自立，建立了一个更为强有力的新的草原帝国。他不仅统一了草原上的匈奴各部，而且向东击溃强大的东胡，向西逼走游牧在河西走廊的月氏人，向南重新占领了秦朝大将蒙恬当年从匈奴手中夺去的河套地区。面对匈奴咄咄逼人之势，汉高祖在公元前200年冬亲率30万大军远征，不想却在平城（今山西省大同市）被匈奴军队围困达七天之久。从此，汉朝对匈奴采取了"和亲"的政策，即一方面将汉朝的公主嫁给单于为妻，另一方面要赠送给匈奴数量巨大的"礼物"，包括丝绸、粮食及酒等。以后，每个新即位的汉朝皇帝，都给匈奴送去一位公主和大量财物，匈奴的气势却越来越嚣张。公元前192年，冒顿甚至写信给寡居的吕后，要求娶吕太后为妻。吕后只好以"年老气衰，发齿堕落"为辞[1]。

汉武帝（前141~前87）即位之后，仍然维持着和亲之策。但是，这时汉朝在政治上内部已经巩固，经济上与军事上的实力已大大增强，反击匈奴的时机已到。但千里沙漠，用兵不易，单是士兵及马匹的粮食补给，就不是易事。所以汉朝需要一个同盟者。从匈奴的降兵中，汉朝得知月氏乃是匈奴的世仇。汉武帝希望与月氏结盟，"断匈奴右臂"。于是，下令公开招募出

---

[1] 《汉书》卷94上《匈奴传》。

使西域的使节。汉中城固（今陕西省城固县东）人张骞以郎官慨然应募，从此改变了他的一生。

公元前138年（汉武帝建元三年），张骞带领堂邑氏的胡奴甘父（此人可能是他的向导）及100多名兵士离开长安，取道陇右，途中不幸被匈奴所俘。单于听说张骞要去大月氏，大怒道："月氏在吾北（实际应是西），汉何得以往使。吾欲使越，汉肯听我乎？"单于扣留下了张骞，并且赐给他一个匈奴女子为妻。看来匈奴并没察觉张骞出使月氏的真实目的。

张骞在匈奴一待就是十来年，胡妻为他生了儿子。最后他终于找到一个逃脱的机会，又向西走了几十天才到达了大宛（今乌兹别克斯坦的费尔干纳盆地）。大宛人知道汉朝富庶，很想同汉朝建立联系，现在汉使就在眼前，大宛人非常高兴。张骞向他们说明来意，是出使大月氏，希望大宛能够派人护送汉使到大月氏，承诺待汉使回到汉朝后，汉朝一定会以大量财宝报谢大宛。大宛国王欣然同意。

当张骞在大宛译者与向导陪同下，经过康居，历尽千辛万苦来到大月氏时，可以想见其心情是如何激动。大月氏女王也非常惊喜地接待了远道而来的汉使。但当大月氏人知道汉朝是想寻找攻打匈奴的军事同盟时，却久久不做答复。原来大月氏人也有自己的苦衷。想当初，大月氏人在河西走廊一带游牧时，势力何其强大，曾迫使匈奴送子纳质。这个质子就是后来逃回匈奴，杀父自立的冒顿单于。冒顿熟知大月氏底细，频频发动进攻，大月氏人被迫从河西走廊西迁，先到了天山北麓的准噶尔盆地，进而再迁至伊犁河流域。只有极少部分人越过祁连山以南，与当地羌人杂居，史称小月氏。西迁的月氏被称为大月氏。大月氏在伊犁河地区没过多久，又遭到有杀父之仇的乌孙人的袭击。大月氏人被迫三迁，取道大宛而南击大夏，并且占有了这块地方，大夏在今阿富汗北部，是一块土地肥沃的宝地，十分适合农耕。受大夏人影响，月氏人渐渐放弃了游牧，而转向农耕定居，生活安逸。在这个时候，远方的汉使要想劝大月氏人再去与匈奴搏击，谈何容易！所以张骞在大月氏待了一年多，总也得不到对方的肯定答复。这期间，他有心察访了西域各地的风俗人情、山川地理。有一次，他竟然在市肆中发现出售中国四川出产的邛竹杖和蜀布。邛竹是一种方形的竹子，可以做器具、拐杖与装饰品。远在蜀中的土产怎么运到大夏来的呢？他百思不得其解。询问后才知道，从四川往西南走，可以通往一个叫身毒（印度）的国家，从印度西北行到大夏就有大道可走，邛竹杖和蜀布就是从这条路线运来的。

张骞决计返国，向汉武帝报告西域的见闻。这回他走的是南山即昆仑山的北麓。没想到中途又被匈奴人抓住，扣押了一年多。公元前126年，趁匈奴人内讧，他再次逃脱，带着他的胡妻与一个随从回到了长安。去时，张骞只是30岁左右的青年，如今已是40多岁的中年汉子了。

张骞向朝廷详细报告了西域的见闻。介绍了大宛、康居、大月氏、乌孙、安息等国的情况：大宛（今乌兹别克斯坦的费尔干纳）在匈奴西南，是农耕民族，种稻麦，有葡萄酒，产天马，又名汗血马；而乌孙在大宛的东北，是游牧民族，即所谓"行国"，俗与匈奴同；康居（大致在锡尔河中下游及哈萨克斯坦的南部）在大宛西北，也是"行国"，风俗与位于大宛西边二三千里的大月氏同；安息（今伊朗）则还在大月氏以西数千里，也是农耕城居的国家；城邑像大宛一样，种稻麦，产葡萄酒，以银为钱，上面印有王的头像，以皮革为纸记事，是西方最大的国家；安息之西又有条支（今叙利亚），北则有黎轩（今罗马）；大夏（今阿富汗）在大宛西南；大夏的东南则是身毒（今印度），其土俗与大夏同，都是城居农耕民族。上述汉朝人在公元前2世纪关于中亚、西亚、印度及罗马帝国的认识，都是张骞第一次获得的，现在还保留在《史记》卷123《大宛列传》里，成为研究上述国家和地区历史的宝贵资料。

张骞把在大夏看到蜀中竹制品及蜀布的事也告诉了汉武帝，并建议从西南开通经印度到大夏的道路，结果由于昆明地区土著人的阻击而未成功。武帝后来又"数问骞大夏之属"，即西域诸国之情况。于是，张骞建议再次出使西域，获得武帝的批准。

公元前119年（汉武帝元狩四年），张骞再次踏上出使西域的征程。这次的使命是招引游牧于今伊犁河流域的乌孙人东迁到河西走廊。这块地方汉朝已经从匈奴手中夺回，现空旷无人。使团的规模为300人，每人备马两匹，携带牛羊数万头、金帛数千万。乌孙由于内乱，又惧匈奴势大，不敢答应张骞的请求，但派出了一个数十人的回访团，到长安表示答谢。张骞此行的另一个目的是要招徕西域各国来朝。他从乌孙分别派出副使携财货前往大宛、康居、大月氏、大夏、安息（今伊朗）、身毒（印度）等国。在张骞回到长安一年多时间里，西域许多国家都派了使节随同张骞派出的副使报聘。从此，中亚就与中国内地建立了直接而密切的关系。

《史记》记载，由于天子喜好乌孙特别是大宛的天马，"使者相望于道"，求购好马。而出使西域的团队多则数百人，少则百余人，所带汉地丝绸物品比博望侯（张骞以功被封为博望侯）出使时还多。这样的使团，每年多的要派十几个，少的也有五六个。青年争先恐后地申请到西域出使，武帝一概给予新节。使者们携带大批丝绸物品出境，又从远方带来多种珍奇物品，形成了中西经济文化交流的高潮。

二、甘英使大秦

汉武帝时代，为了巩固同西域的联系，在张骞通西域之后，先后在河西走廊设立了酒泉、张掖、敦煌、武威四郡，史称"河西四郡"。从此，玉门关和阳关成为出入西域的门户。为了保护西域通道，武帝将长城的西界延长到玉门，在李广利伐大宛取得胜利后又西延到盐泽（罗布泊）。李广利于公元前102年（汉武帝太初三年）远征大宛，兵力财力都耗资巨大，名义上是取得大宛的汗血马，实际上是进一步巩固张骞通西域后的中西关系。史称西域诸国震慑，纷纷遣使来贡。于是，西汉在敦煌到盐泽（罗布泊）地方设置亭障（边防据点），在新疆轮台等地大量屯田，以保障往来使节、客商的安全与供给。公元前60年（汉宣帝神爵二年），汉以在西域屯田守卫的军将郑吉为西域都护，驻屯乌垒城（今新疆轮台东北），统管西域诸国。

西域都护有力地保证了汉朝内地与西域各国的政治关系与

经济文化交往。但到王莽时期及东汉初年,由于匈奴势力的复起,内地与西域关系断绝。班超(大史学家、《汉书》作者班固的胞弟)公元73年随窦固出塞抗击匈奴,继而受命经营西域,花了近20年时间来巩固汉在西域建立的政治秩序。公元91年,他被重新任命为西域都护,西域50余国不久又都臣服于汉。公元97年,他派部下甘英出使大秦,试图把汉与西域的直接交通更往前推进一步。

大秦也就是《史记》中的黎轩,一般认为是罗马帝国的地域。[①]汉朝人从传闻中知道大秦是西域的大国:"其人大平正,有类中国,故谓之大秦。"知道大秦国"土多金银奇宝",凡是外国珍奇异物"皆出焉"。知道大秦国"其人质直,市无二价",从海道与安息(伊朗)、天竺(印度)通商,"利有十倍"[②]。汉朝人还了解到富裕的大秦国王"常欲通使于汉",却被横在中间的安息人"遮隔"而不能直接与汉交通。班超派甘英出使大秦的目的,显然是直接探寻远西的文明大国,这将有利于打破安息的居中贸易垄断地位。

甘英出使大秦的路线,只能根据《后汉书》卷88《西域传》记载做些推测。大概是从当时西域都护驻地龟兹(今新疆库车西南)出发,沿西域北道西行,经新疆的喀什、莎车,越过帕米尔高原,再往西经过阿富汗到伊朗境内,然后经过伊拉克巴格达东南的"斯宾"。再前行便到了条支:"抵条支,临大海。"

---

① 参见余太山:《条支、黎轩、大秦和有关的西域地理》,《中国史研究》1985年第2期。

② 并见《后汉书》卷88《西域传》。

条支何在？大海何指？后来的研究者说法不一。比较多的学者认为，条支即今叙利亚，大海就是其西界的地中海。正当甘英打算渡海西行之时，安息西界的船人却极力拦阻，理由有两条：一是海阔水大，遇到好风至少要三个月才能渡过，若风向不顺，则要航行两年，所以非备下三年的口粮不能渡海；二是海水有魔法，能够让人思恋故乡，以致不堪忍受，"数有死亡者"。甘英听了这一番话，望望前面波涛汹涌、一望无际的大海，竟然畏惧地打消了渡海西行的念头。后来的研究者都替甘英惋惜，骂他是胆小鬼，被安息人的一派胡言吓住了。也有的人指出安息人精明，想方设法不让汉人访大秦，以便从中获居间贸易之利。

大约公元99年，甘英又回到了班超身边，这次走的是"罽宾、乌弋山离道"。罽宾在今克什米尔一带，汉武帝时就有使者到这里，在《汉书》中也是户多兵众的"大国"。乌弋山离又在罽宾之东部，约今阿富汗西南部的赫拉特一带。甘英从乌弋山离到罽宾，再翻过帕米尔高原，经西域南道回国，历时两年多。

甘英虽然没有踏上罗马帝国的本土，但是他仍然创下了历史上出使最远的纪录，此前的汉使最远不过安息，"莫有至条支者"。甘英了解的远至罗马帝国的新消息，丰富了汉人对远西地区的知识。

甘英出使的失败也说明，汉代陆路上与大秦的交往困难重重，所以海上交通便成为大秦商人的最佳选择。这就是从红海到印度洋的贸易路线。《后汉书》卷88《西域传》提到印度"西与大秦通，有大秦珍物"；提到缅甸献的魔术师（幻人）自称是大秦人，推断缅甸"西南通大秦"。《后汉书》还记载，公元166年，有人自称是大秦王安敦（一般认为即罗马皇帝安敦尼，161～180年在位）派的使节来华，使团自日南（今越南中部）进境，所献为象牙、犀牛、玳瑁。由于罗马方面的文献并无出使汉朝的记录，而所献之物又是东南亚地区的物品，并非汉朝人所知的大秦珍异物产，当时汉朝人已经感到蹊跷，现在一般学者也认为此使者很可能是罗马商人假冒的。他们显然是从海道而来。

罗马到中国的海路交通开辟甚早。至迟在公元45年，罗马人已能够利用印度洋上的季候风横渡阿拉伯海，然后绕过印度南端横越孟加拉湾，再航行至缅甸、马来等东南亚地区。《魏略·西戎传》就清楚地记载了罗马从海道通中国的三种可能：一是航行到印度洋，从海北陆道上行；一是循海而南，经越南等地而行；三是航行到缅甸（当时叫掸国）港口后，溯伊洛瓦底江而上，缅甸中北部与中国西南相接，经此到益州的永昌郡（今云南省保山市东北），所以史称"永昌出异物"。

三、丝绸之路

张骞的两使西域，打开了中西直接交往的大门。特别是汉朝在西域地区采取的政治与军事措施，有力地保证了丝绸之路的畅通。所谓丝绸之路，一般指从中国通向地中海东岸的经由沙漠和陆洲的道路。这是德国著名地理学家、曾任柏林大学校长的李希霍芬（1883~1905）首先提出来的。李氏于1868~1872年在中国调查地质、地貌，于1877年出版《中国》一书。书中指出了古代中国与西欧亚地区交往的这条通道的重要性，并称之为"丝绸之路"。这个美丽而又反映实际的命名很快得到中外学者的赞同。丝绸之路东起古城洛阳、长安，西逾陇山，经河西走廊上的武威、张掖、酒泉、敦煌四郡，出玉门或阳关而西，在今新疆境内又分南北两道，古城楼兰是两道的分岔点。《汉书》卷96上《西域传》就说："自玉门、阳关出西域有两道。"北道经天山南麓，沿塔里木河而西越帕米尔高原；南道经昆仑山北麓及塔克拉玛干沙漠南缘而西至帕米尔地区。越过帕米尔地区的路线又分两条：一条北面经费尔干纳盆地到锡尔河、阿姆河地区，一直往西可直抵伊斯坦布尔；另一条南抵北印度和西出阿富汗，再往前可经两伊地区到地中海东岸的叙利亚。由此渡海而抵罗马。帕米尔高原以西的商道早在先秦时代已经由希腊军队、罗马与波斯商人无数次地走通了，而帕米尔高原以东的部分则是两汉时期开通并扩展的。沿着丝绸之路，从西域引进了天麻、饲养马匹的苜蓿和酿酒的葡萄。后两种珍贵的植物都在张骞去世后由其他赴西域的使节和商队带回种子，并很快在长安附近种植。大约在东汉末年，中国已能自己酿制葡萄酒了。动植物之外，毛皮及奇珍异宝也是两汉时期输入的西方产品。班固曾写信给弟弟班超，换取大月氏毾㲪（一种毛织品）。象牙、犀角、玳瑁、夜光璧、明月珠、珊瑚、琥珀、琉璃、朱丹、青碧等都是两汉时从大秦等地输入的宝物。

中国外销的商品以丝绸最为著名。养蚕与缫丝发明于中国。

春秋战国时期中亚的贵族葬墓里，已发现了中国的丝织品、四轮马车、漆器等，也发现有来自西亚的羊毛织品，显示了中亚地区作为中西文化交流中介的特征。据说公元前53年，古罗马执政官、"三头政治"之一的克拉苏追击安息人的军队到了两河流域。酣战之际，安息人突然展出鲜艳夺目、令人眼花缭乱的军旗，军旗在阳光下耀眼刺目，使罗马军心大扰，结果遭到了惨败。这就是著名的卡尔莱战役。据说那些鲜艳的彩旗就是丝绸制成，它是罗马人见到的丝织品。也有学者认为，一些著名的希腊雕像身上透明柔软的服饰，也是中国丝绸制成。不管如何，中国的丝绸在罗马世界很快流行开来。据说恺撒大帝、被称为埃及妖后的克里奥帕特拉都喜欢穿中国的丝绸。一次恺撒大帝穿着中国丝袍出现在剧院，光彩照人，引起全场的惊羡。起初丝绸的价格很贵，每磅要黄金12两。后来销售日增，以致平民百姓也穿起丝绸，公元2世纪时帝国西部的伦敦也有销售。著名地理博物学家普林尼抱怨说，罗马每年至少有1亿罗马金币在与印度、中国和阿拉伯半岛的丝绸与珠宝生意中丧失。政府及教会人士都呼吁限制穿丝绸服装，以抑制社会的奢侈风气。魏晋南北朝以后，由于养蚕缫丝技术西传，华丝的出口势头才有所减少。

　　人们常说中西文化交流在古代主要是从东往西流。这话确实有一定的道理。两汉时代中国文化的西传，除丝绸外，还有冶铁技术、穿井技术。中国在商代已使用陨铁制造兵器，春秋时代人工冶铁已很普遍。至汉代，中国出现了低硅灰口铁、快炼铁渗碳钢、铸铁脱碳及生铁炒钢等新工艺、新技术。通过丝绸之路，中国的铁制品传入西方，在汉匈战争中逃亡到西域地区的士卒曾将铸铁技术教给大宛、康居和安息的工匠。大约在公元前2世纪，乌兹别克斯坦境内费尔干纳人已从中国学得了铸铁新技术，然后再传入俄国。中国严禁钢铁制品出境，以防为外族用作兵器。但是，丝绸之路上的贸易中，钢铁也是受西域欢迎的商品。安息人就努力获取中国的钢铁兵器，后来钢铁制品也渐渐流入罗马帝国。

穿井技术也是汉代传入西域的。公元前102年，汉武帝命大将李广利攻打大宛。《史记·大宛列传》中就记载，大宛人城中无井，要到城外汲水。李广利将城外水道切断，城中惊慌，只得示和。而李广利听说城中已新得中国穿井工人，匈奴人也要向大宛人派穿井工，遂决定接受议和。新疆地区的"坎儿井"（开渠），据研究，就与汉代从内地传入的穿井技术有关。《史记·河渠志》记汉武帝时修龙首渠，有"井下相通行水"的说法。《汉书·西域传》记汉宣帝时（前73～前49年在位）汉军也有类似的行动。但是，至少公元前146年，西亚已有井渠（明井暗渠）技术。因此，新疆坎儿井很可能是在内地西传的穿井技术和西方井渠技术影响下，当地人民作出的新创造。目前新疆吐鲁番盆地的近千条坎儿井的渠道，总长在3000千米以上，人们盛赞其工程之大，可与万里长城与京杭大运河相比。

第三章

佛陀世界
魏晋南北朝中西关系的发展

第三章 佛陀世界

圣君贤相的积极开拓，宗教信徒的狂热追求，跨国贸易的利益驱使，可以说是促进古代中西经济与文化交流的几个重要因素。东汉末年及魏晋南北朝时期，中国处在由政治混乱走向政治分裂的时代，具有开拓意识的政治家稀少，但是，热衷于佛教的君王却比比皆是。远道前来弘法和冒死西行取经的高僧大德络绎于途，于是，在中亚早已兴起的佛教，借着西域开通后的沙漠绿洲之路很快便风行中土，使这一时期成为中国文化第一次大规模地吸取与融合外来文化——主要是印度佛教文化的重要时代。早期佛教文化经过长途跋涉来到中国，已经是风尘仆仆。这一路风尘使它带有中介地区的文化特征。这不仅表现在佛教经典的翻译上，更表现在世俗的艺术中。3~6世纪的帕米尔高原东西是一块接受过希腊文化、波斯文化和印度佛教文化洗礼的地区，因此，传入中国新疆河西以至内地的佛教艺术，已经是一种融汇了多种文化成分的比较复杂的艺术，最具代表性的例子便是犍陀罗佛教艺术。

一、初入中土

距今 2500～2600 年前，古印度恒河流域的迦毗罗卫国（在今尼泊尔）有一个名叫乔达摩·悉达多（约前 624～前 544，或前 564～前 484）的王子，经过长期的苦思冥想，一朝大彻大悟，在菩提树下修成正果，这就是佛教的创始人释迦牟尼。他把自己体悟到的人世经验传授给其信徒们，于是就创立了佛教。随着印度帝国的军事扩张，佛教也向印度西北部、中亚及西亚地区传播。在张骞出使西域前 100 多年，佛教就已经在那里流行了。

佛教何时传入中国？迄今尚无定论。人们曾经在新疆塔里木盆地周围的西域古城遗址中发现许多佛教踪迹，其中包括写在木简上的梵语佛经，时当公元前 1 世纪。

20 世纪 90 年代初发现的敦煌悬泉汉简有一个请帖："少酒薄乐。弟子谭堂再拜请。"第二行地点、日期字体较小："会月廿三日，小浮屠里七门西入。"

这份聚会请帖有"小浮屠里"字样，显示出西汉末年，已经有出家人居住在一起。这说明河西走廊西面的敦煌也许是佛教传入内地的第一站。但是佛教传入中原内地，当不会早于东汉。

有一个故事说，东汉明帝（58～75 年在位）有天夜里梦见一个金人飞至殿前，有人向明帝说这个金人正是天竺（今印度）佛陀的金身，于是明帝便派人到西天去取经求法。后来请来印度高僧摄摩腾和竺法兰二僧，用白马驮来佛教经典。明帝下诏在首都洛阳的近郊修建佛寺一所，名白马寺，据说是中国内地最早的寺院。现在看来，所谓佛陀入梦、白马驮经，恐怕都是后来佛教编造的神话。但是，这个故事也并不全是无稽之谈。成书于东汉末年的《牟子理惑论》记载说，明帝遣往西域求法的使者"于大月氏写佛经四十二章，藏在兰台石室第十四间"。这里的"兰台石室"是相当于国家图书馆和档案馆的机构，"藏在兰台石室"与安放在白马寺的说法不合，但目前公认的最早的汉文译经确实是所谓《四十二章经》。它摘录自小乘佛典《阿含经》，至迟在东汉末年已经出现，三国以后也常常被他书所引据。

还有另外一种说法。裴松之注陈寿《三国志》时引据《魏略·西戎传》说：早在西汉哀帝元寿元年（前2年），有博士弟子景卢接受大月氏王所派使臣口授浮屠经。这个故事即便是真实的，也只是一次偶然事件。但它却说明了佛教入华的另一个事实，那就是西域高僧前来传法可能比汉人西行取经更早。

佛教初入中国，信奉者主要是在宫禁之中和上层集团。而且，信仰者把它看得同中国传统的神仙方术差不多，或者是视为神仙方术的一个支派。这是因为佛教主静尚虚、好生恶杀，恰好与黄老之道中的清静无为、省欲去奢相类似。人们总是用自己熟悉的东西去理解那些新鲜而陌生的东西，人们求异的心理总是通过认同的方式去满足，这正是文化交流中屡见不鲜的事情。佛教传入中国之日，正是神仙方术之学大行其道之时，"佛"于是被看成一种力大无边的大神。故汉代佛教的斋忏仪式也如同祠祀。桓帝时曾在宫中铸黄金浮屠与老子像,设华盖的座位,用郊祀的音乐。神仙家讲究得道成仙、肉体飞升。这其实与佛教本义相距甚远。佛教反对炼形炼神,绝不谈长生不死,而是讲生死轮回、无常和变化。释迦牟尼说法,就反复教人不要相信有无常不变的事物。印度佛教讲因果报应,也与道家说的通过鬼神来降祸福于人世迥然有异。总之,汉代人理解的佛教,只是当时社会上流行的神仙方术和黄老之学的一种,人们还不懂佛教教理,对佛教还"不识庐山真面目"。

东汉时代,汉人出家为僧者很少。三国时期,由于战乱频仍,政局动荡,在痛苦和无望中,平添了许多寄幸福于来世的佛教徒。魏晋南北朝时期,佛教在北方迅速传播。后赵的西域僧人佛图澄受到石勒、石虎父子倚重与信任,结果"民多奉佛,皆营造寺庙,相竞出家"[1]。6世纪中,北方僧尼达200万~300万人,约占当时北朝人口的10%。在东晋、南朝,君臣佞佛成风。梁武帝曾四次舍身同泰寺,陈武帝效尤,也在大庄严寺舍身为奴,结果都由群臣用巨资赎回继续当皇帝。当时南朝首都建康(今南京)城中佛寺有500余所、僧尼逾10万人,这比起北朝当然还略逊一筹。据杨衒之的《洛阳伽蓝记》说,北魏迁都洛阳后,城中的庙宇最高达1367所,其时佛教的声势真正令人不可想象。

---

[1] 《高僧传》卷10。

二、佛典的汉译

佛教作为一种域外传来的文化,只有通过翻译才能广泛传播。早期的佛教翻译也受到汉代道术的影响,如《四十二章经》多比附于黄老之学,用道家之词来进行译述。若译者对经文不懂,则阙而不传。到东汉末年,共译出佛经292部、395卷,一般说来,质量都不高。

早期佛经翻译家主要是西域人而不是印度人。如东汉末年的著名佛经翻译家支娄迦谶("支"为姓氏)是月氏人,安世高为安息人。最初据以翻译的佛经,既有梵文,也有西域古文本,但早期的佛经翻译很少有从梵文直接译成汉文的。这犹如佛教不是直接从印度传到中国内地,而是间接经过中亚和新疆一带那些今天已销声匿迹的民族与城邦,如大月氏、康居、安息及中国境内的龟兹(今新疆库车)、焉耆和于阗(今新疆和田)传入。绿洲丝绸之路的南北道实际上是佛教东传的路线,北道的重镇是龟兹和焉耆,南道则为于阗。至少从公元2世纪、3世纪起,龟兹就是一个佛教中心。第一批向中国内地传播佛教经典的就是龟兹的僧侣。他们之中有最早的译经者,有传送佛典的中介人。由于地理的和历史的关系,这些僧侣的汉语知识丰富,又通"胡经"。有时译经工作是一个集体工程,参加译经者既有天竺人,又有月氏人、安息人、康居人。有时一部经典的传译要通过一两个甚至更多的中介人的转译。有些西域来的胡僧,佛典就在其嘴里,他口诵经文,居间人笔录成文,或者先弄成一个"胡本",然后辗转译成汉语。我们今天在新疆境内发现的吐火罗语佛典(龟兹文和焉耆文两种),一部分就是在这种工作方式下产生的。学者的研究表明,汉文"浮屠"(佛陀)这个词是古梵文Buddha的音译,而"佛"这个汉语中更通行的译法,则来源于吐火罗文。

竺法护是公元3世纪、4世纪著名的佛典翻译家。其家为世居敦煌的月氏人。他8岁出家,有感于汉魏以来世人只重寺庙图像,而忽视佛典翻译,于是随师西游搜求佛典。由于他通晓西域36国语言,又博闻强识,所以数年后满载东归,在长安潜心译经。竺法护译经有许多助手共同襄助。助手的工作一是笔录,即把法护口述的经文记录下来;二是修正,即对原稿中繁复的文句进行删改、润色与修订。法护的弟子聂承远及承远之子道真,就是当时译经的主要助手。道真通梵语,长于文学,曾将法护的译经编成目录。据统计,竺法护共译出佛经74部、177卷,其中有《般若》经类,有《华严》经类,有《涅槃》《法华》经类,等等。大致包括了当时在西域流行的佛典要籍,为大乘佛教在中国的流传奠定了广阔的基础。

在大乘佛典汉译中后来居上、做出更大贡献的是另一位西域名僧鸠摩罗什(343~413)。鸠摩罗什出身于印度婆罗门望族,父亲放弃了国相之位,出家东游,定居在龟兹国,被尊为国师,并被迫娶龟兹王之妹,生有鸠摩罗什兄弟二人。鸠摩罗什自幼聪颖过人,7岁随母亲一同出家,西游拜师,在罽宾(今克什米尔)等地遇名师指点,学问日增。当他回到故地龟兹时,已经是一名以博学而出名的学者了。母亲希望他到中原内地去弘扬佛法，他谨记在心，引为己任。

公元384年，前秦苻坚出兵进攻龟兹，命大将吕光迎鸠摩罗什到长安，吕光却据凉州自立，并把鸠摩罗什留在凉州达17年之久。这使得鸠摩罗什不仅有更多时间研习大乘经典，而且汉语水平大为提高。后秦的姚兴于401年攻克凉州，获得慕名已久的鸠摩罗什，把他接到了长安，并待以国师之礼。从此，他得以潜心译介大乘佛学。

印度大乘佛教有两大派别：一为中观学派，又称"大乘空宗"；一为瑜伽行派（唯实学派），又称"大乘有宗"。鸠摩罗什是在中土弘扬中观学派的第一人。他所翻译的《中论》《百论》《十二门论》，是"三论宗"学派依据的重要经典（"三论宗"亦因此得名）；所译《阿弥陀经》是净土宗的主要经典；《法华经》是天台宗的主要经典；《成实论》是成实学的主要经典，在江南广为流行。总之，根据《般若》经类而成立的大乘性空缘起之学经过他的翻译被系统地介绍过来了。

鸠摩罗什在长安10年，译成佛典35部、294卷。他在译经质量及译场组织水平上也都达到了一个新的高度。他的译文一改过去拙朴的译风，运用了意译的方法，即不但要传达出原文的意蕴，还要力求表达出原本的语趣，他所组织的译场规模较大，参加译事者动辄数百人，乃至一两千人。在译场上，他"手执胡本，口宣秦言"，向全体译事人员宣讲佛经大意。在弄通原本基本要旨的基础上，一般再由几名高僧对佛典原本作专门的处理，或逐词翻译，分析印度文本的原本，搞清原文的意义及语言风格。然后是试译、详校、修改、润色。鸠摩罗什梵文功力深厚，又熟谙汉语，不仅摒弃了以往译经中"胡语"的中介，而且创造了一种熔外来语与汉语之美于一炉的优美的佛经翻译文体。

三、法显西行

迄今所知内地西行求法的第一位高僧是三国曹魏时颍川人朱士行。朱士行也是现知第一个按佛法度为比丘的汉族人。他研究东汉以来硬译的佛典，觉得文句减色，删节又多，不易理解，就发愿要寻找原本重译。公元260年，他从长安出发，越过沙漠，来到当时的佛教中心之一于阗（今新疆和田）。他果然在这里获得了梵文原本《大品般若经》，凡90章，60余万言。但当地的小乘佛学僧人却阻挠朱士行把大乘佛典梵文原本带到中土去。结果在20多年后，该佛典才由其弟子送到洛阳，而朱士行本人却客死在于阗，真可谓以身殉法了。

朱士行之后，西行求法的汉人络绎不绝。他们大都结伴而行，有的到达了印度本土，有的只到了中亚地区，大都经陆路西行，少数亦有由海路回国的。在这些游方僧中，以法显的影响最大。

法显（约340~422）俗姓龚，东晋平阳郡武阳（今山西省襄垣县）人。他幼年体弱多病，常住在寺院里。20岁时父母去世，于是出家受比丘戒。其时佛徒日益众多，而佛门戒律却很不完备。法显决定寻求律藏戒本，用佛门纪律来约束僧众。公元399年，法显以60岁的高龄自长安出发。敦煌以西，沙碛悠然、白骨累累，法显等人沿着以枯骨为标识的沙漠地带前行，穿过塔克拉玛干，越过帕米尔，到达北天竺（今巴基斯坦境内）。沿途走走停停，已历三载。同伴中有的中途回国，有的在翻越小雪山（今阿富汗境内）时被冻死，只有一位名叫道整的僧人与法显一道前进。他们取道印度河流域向东南行，入恒河流域后，在摩揭陀国首府（今印度比哈尔邦境内）留住三年。法显一面搜求经卷、抄写律本，一面兼习梵文语言。当法显决心携带所获经律回国时，道整却乐而不归，留住在印度。法显在天竺及狮子国（今斯里兰卡）又多住了两年，于411年搭乘大客船沿海东行归国。在海上他吃尽了千辛万苦，经历了不少磨难，最后在山东青州（今山东省即墨县境内）的崂山登陆，于413年到达建康。

　　法显历时十四载，抄回了大小乘三藏中的许多基本典籍。这些佛典的翻译对于中国佛学的发展意义重大。如《涅槃》一经，首唱佛性之说，保存有经本原貌，十分难得。又如他在建康译场译出的《摩诃僧祇律》40卷等经律，是佛经戒律的五大部之一。这些译文朴素而又传真，在佛经翻译史上别具一格。法显在中西文化交流史上的意义还在于他撰写的《佛国记》（又名《法显传》），以亲身经历介绍了古代中亚及印度、巴基斯坦、斯里兰卡等地的历史与风土人情，记录了中国与南亚的海陆交通情况。这部书因而也成为研究5世纪亚洲历史和中西文化关系史的珍贵历史资料。

四、佛学与中国传统文化的碰撞

　　汉魏南北朝是佛教大发展的时代，也是佛教同中国传统社会与文化碰撞磨合的时代。晋宋时期，早期的佛典翻译家已经注意通过节选、增删与改动的办法，使佛典的译文尽量与中国伦理社会的价值观相一致。如关于男女关系，汉译佛典有意删削了印度佛典中关于男女性交的论述，避开了"接吻""拥抱"一类词语。如《华严经》把"拥抱"译成"阿梨宜"，"接吻"译成"阿众鞞"。敦煌写本佛经中有一篇叙述莲花色尼的出家因缘，但其中删去了莲花色尼出嫁的关键一节，即她因屡次出嫁，因而与所生的子女也彼此互不相识，后来竟然与自己所生的女儿同嫁给了自己所生的儿子。莲花色尼发觉后，因极度羞恶后削发为尼。这样的论述与中国传统伦理道德相去太远，所以被略去不译。此外，关于夫妻关系、父子关系、君臣关系方面也都注意符合儒家的纲常名教，如流传最广的《无量寿经》就凭空加上了忠、孝、礼、义、信等类用语。所以，印度佛教伦理在流传中国时，一开始就偏离了它的原本内容。

　　翻译佛典虽然尽量调和适应儒家的伦理道德，但并不能完全避免与儒家思想的冲突。儒家的最高理想人格是成为圣人贤人，因此重人生、重人事、重现实。而佛教的人生理想在于解脱，要通过痛苦的反思、修持，通过超脱世俗世界进入涅槃境界。随着佛教愈加普及，僧众愈加增多，矛盾、冲突与调和不断地发生。魏晋南北朝时期儒佛的冲突可归结为三大问题：一是沙门不敬王者问题，二是沙门袒服的问题，三是神不灭的问题。

东晋时庾冰、桓玄曾一再提出沙门应该向王者跪拜而不只是合掌致敬。慧远作文5篇，专门阐发沙门不敬王者的立场。他强调在家信佛者应当忠君孝亲、遵守礼法名教、恪守王制。而出家修道的沙门认为人身是人生痛苦的根本，沙门既不重视生命，也就不必顺从自然，遵守礼法，从而委婉地否认了君臣父子伦理观念。但是，他又说一旦沙门全得成佛，那就救济了父母兄弟等六亲，救济了整个天下。慧远用折中的办法兼顾了儒佛两方面的特点和尊严，是中国佛教领袖公开提倡儒佛结合的开始，对后来佛教的中国化产生了深远影响。

关于沙门穿袈裟，偏袒右肩，东晋何无忌作《难袒服论》，对此提出异议。慧远针锋相对，作《沙门袒服论》和《答何镇南书》（何无忌官镇南将军），指出沙门与世人不同，印度与中国异俗，坚持了沙门袒服的立场。

关于神不灭论在南朝更是引起了一场轩然大波。慧远作《三报论》《明报应论》，把印度佛教业报轮回思想和中国有关传统迷信结合起来，将神不灭论与因果报应论结合起来。慧远代表大乘有宗一派，其观点在佛门内部也引起大乘空宗的批评。而中国儒家的无神论派更是与之展开了辩论。其代表作范缜的《神灭论》，阐明形体是精神所从属的实体，而精神则是形体所具有的作用。

东晋南朝时期，佛学一方面与中国传统观念发生冲突，另一方面也对中国传统思想有所补充，如佛学对当时的玄学就有一个从依傍到补充的历史过程。

所谓依傍玄学是指佛教徒在阐释佛教教义主要是般若学类经典时，用老庄哲学的名词、概念和范畴去加以比附，以便易于为当时人所理解。这叫作"格义"。东晋佛教领袖释道安称之为"因风易行"，即"以斯邦（中国）人老庄教行，与《方等》经兼忘相似"。他的弟子慧远讲经时也常常借用老庄的词语解释。一次有人就佛经的"实相"一词提出疑问，慧远引《庄子》加以说明，于是"惑者晓然"（《高僧传·慧远传》）。后赵佛图澄的弟子竺法雅讲经时，也常"以经中事数（佛教中的事项、教义等），拟配外书（比附佛典之外的僧道作品），为生解之"（《高僧传·竺法雅传》），如把"性空""真如"解释为"本无""道"，把"五戒"解释为"五常"，等等。这样，佛教的格义，便成为会通印度佛教和中国传统文化的一种形式。

印度大乘般若学流派在中国的发展过程中又有所谓"六家七宗"的说法。这是指魏晋般若学崇尚精通简要，不执着经文的字句，而提倡思想的自由发挥，结果形成了不同的流派。这些流派区别大体与魏晋玄学的分歧相呼应，它们所争论的问题、思辨的方法和论证的路数等也都受到玄学的影响。这实际上是按照魏晋玄学的思想和范畴去比附般若学说的思想和范畴的一种逻辑结果。魏晋玄学家们谈论有无、本末的问题，般若学的理论中心也是有无、本末问题。

般若学派因依傍玄学各派而失去了其独立性，僧肇《不真空论》总结性地批判了般若学各派的观点，对有无（体用）问题作出新的说明。僧肇认为不能将"有"与"无"两者对立起来。他运用中观学的相对主义方法来论证世界的空无，也就是既不只讲有，也不只讲无；而是讲非有非无，亦有亦无，有无双遣，有无并存，合有无以构成空义。这种有无统一、不落两边的观点，是为"中观"。僧肇在《不真空论》中说："欲言其有，有非真生；欲言其无，事现既形。象形不即无，非真非实有。然则不真空义，于兹显矣。"这段话的意思是说：如果说事物是有，有并不真正存在；如果说事物是无，它的现象却已出现。既已出现，就不是无，只是不实有罢了。这就是"不真空"的本义。

总之，僧肇的佛学思想深刻地受到老庄的相对主义思想影响，同时又以佛学的中观理论补充与丰富了魏晋玄学，使之达到了一个新的发展阶段。

五、犍陀罗佛教艺术

西域佛教对中国文化的影响还表现在造型及石窟艺术方面，其中以犍陀罗佛教艺术最为典型。

"犍陀罗"一词，首先见于2000多年前的一部古印度诗歌总集《梨俱吠陀》。其地理位置大约在古印度的西北边陲，或者阿富汗东北及巴基斯坦北部地区。历史上第一次详细记述犍陀罗王国的，是中国7世纪的著名高僧玄奘。在他笔下，今天的白沙瓦是其中心地区。这个地区东、西、北三面为高山环绕，南部则是延伸四五百千米的平坦河谷。这里是丝绸之路的中枢，是东西贸易与文化交往的媒介。公元前6世纪以来，波斯帝国的居鲁士大帝时期，此地就隶属于波斯。公元前327年，亚历山大东征占领此地，大批希腊人移居这里。印度孔雀王朝的阿育王（约前273～前236）时，犍陀罗人变成佛教信徒。此后，这里又被希腊化了的大夏人所统治，1世纪时是贵霜王朝的统治中心。于是希腊、罗马、波斯、印度和塞迦等各种艺术在此地汇聚，形成了独特的犍陀罗艺术。

犍陀罗艺术是一种宗教艺术，具体地说，是以佛教为主题，吸纳希腊、波斯、印度等表现手法的佛教艺术。其艺术风格首先从佛像雕塑上集中表现出来。正是在犍陀罗，人们对佛陀的礼拜形式已从象征性的纪念物如窣堵波（塔）、菩提树演变成佛的正身形象。佛像雕塑的身材粗犷，头部略大，发髻呈波浪形，额头平正，眉目端正，鼻高而直，双耳小垂，脸带微笑，唇薄嘴小，下颌丰满，颊无折线；一般斜披希腊式通肩大衣，衣质厚重，体型不显，衣褶多由左肩下垂，袒露右肩，背光圆形素面，不加装饰。

汉晋时期，随着佛教的传入，以犍陀罗为中心的佛教美术也传入中国，主要是在新疆地区，后来渐及河西走廊及其以东的地区。新疆若羌县的米兰出土的年代为3世纪、4世纪的佛塔和坐佛，和田的拉瓦克寺出土的5世纪、6世纪的立佛雕像，都是犍陀罗式的艺术品。随着佛教石窟的开凿，犍式风格也步步深入，中国四大著名石窟多多少少都能看到犍风的影响。如甘肃天水麦积山石窟的北朝石刻佛像，就带着明显的犍式风格，山西大同的云冈石窟的早期佛雕，也呈现出若干犍陀罗艺术的特征。洛阳龙门石窟虽然以汉化了的笈多式佛像为主，但个别

第三章　佛陀世界

作品还带有犍式遗风。

汉唐时代天山南麓的壁画，明显地受到希腊、罗马式绘画的影响，这种影响是否可归属于犍陀罗式风格，目前还在探讨之中。考古工作者在塔里木盆地南部的米兰废址的两座圆形小砖塔的内壁上，发现了新疆地区现有最古老的壁画，年代约当4世纪以前的汉晋时代。这些壁画的印度色彩不甚明显，所画神像与人物容貌大都富有闪族风度，有的裸体观念很强，可以说是纯粹的希腊罗马式。其题材主要是佛教故事，也有基督教艺术的翻版，如画在木板上的水粉画中的有翼天使，它本是佛教中乾达婆（Gandharva），一位音乐之神。在印度本土，乾达婆只是一青少年男子，身上并没有翅膀。此处的带翼天使，显然是仿照希腊罗马艺术中的天使改造而成。

乾达婆在克孜尔石窟壁画和敦煌莫高窟中又有变化。克孜尔石窟壁画上的乾达婆的翅膀已在退化，变成身披飘带的男女，即所谓"飞天"。只是飞天的飘带两端还表现为翅膀的尖形。我们可以设想，飞天正是从有翼天使演化而来的，它承继印度佛教的原意，又吸收了中国道教羽人形象。敦煌莫高窟的飞天形象更加自然飘逸，是壁画中人物最有生气的一部分，飞天不再是美男子，而是中性化、女性化，亦即中国化了。

除了希腊罗马艺术、印度艺术以及犍陀罗艺术，汉唐时代的造型艺术与工艺美术还受到波斯萨珊王朝的影响。这主要表现在绘画、雕刻、金银器和织锦图案等方面，而以萨珊雕塑中的有翼石雕和装饰性极强的联珠纹图案最具代表性。

有翼兽的石雕题材起源于亚述，在古代波斯造型艺术中十分流行。现存中国作品最早可见于公元209年建成的位于四川雅安的高颐墓前石狮。它体态雄伟，胸旁各有肥短的飞翼。这种造型在南北朝时遂发展成镇墓兽造像。如南朝宋武帝刘裕陵前的石麒麟，陈文帝陈蒨陵前的石麒麟、石天禄，梁武帝萧衍陵前的石麒麟，其弟萧季墓前的石狮等。这些石刻气魄宏伟，姿态生动，显然是中国传统艺术的表现手法，而其肋下所带飞翼形态各异，或成波形，或作云状，仍可看出波斯式有翼兽的影响。

联珠纹在魏晋南北朝也已传入新疆和内地。简单的联珠纹是以小珠连成圆圈，其典型图案则是在双线圆轮中两两相对地画上各种鸟兽，而在双线圆轮之间又缀以大小相等的圆珠。在汉唐时期的壁画、雕塑、陶瓷、丝织品和金银器上，我们都可以看到联珠纹。如克孜尔壁画和敦煌石窟藻井上、唐代金银器底座和边缘均有联珠纹图案，吐鲁番地区还发现了此时期的一些采用联珠对鸟对兽纹的丝织品。当然，晋唐间传入的装饰图案还有葡萄纹、石榴纹等。中西纹饰图案的大交流，构成了晋唐间中西文化交流的一个重要方面。

第四章

丝路花雨

隋唐中西文明的交汇

第四章　丝路花雨

隋唐是继秦汉之后又一个大一统时代，是中国封建社会的盛世，是一个以既善于继承历史的文化遗产，又善于兼收并蓄地吸收各种外来文化营养而著称的时代。唐代文化之所以朝气蓬勃、富有生机，就在于唐代汇聚了当时世界多种文化资源，中亚的祆教、摩尼教，西亚的伊斯兰教、景教，南亚的佛教都可以在中国找到栖存之所。中国的皇帝们可以是虔诚的道教或佛教徒，也可以同时与摩西、耶稣或穆罕默德的信徒们论"道"谈"天"。唐代也是那个时代国际贸易中最重要的进出口大国，粟特人、波斯人、阿拉伯人都竞相购买中国的丝绸与瓷器。在陆地丝绸之路外，海上丝绸之路发展迅速。唐代是东亚各国的政治和文化范本，与西方世界大国拜占庭帝国关系也很密切，拜占庭遣使来华在8世纪中叶以前的100年间见于记载的有6次，其他遣使来华的国家与地区有50多个。所有这些都显示了唐朝的世界性意义。

一、中西之间的海陆路交通

隋唐时代的中西交通由于帝国的统一而更为便利。在陆路，裴矩（约547~627）是隋唐时代中原地区与西域关系的开拓者。他所著的《西域记》三卷是研究西域关系史的重要文献，虽然已经亡佚，但有关内容仍保存在《隋书·西域传》里。其中记载了从甘肃敦煌西至地中海（西海）的三条道路：北道从伊吾经东罗马至里海；中道从高昌，经罗布泊、焉耆，越葱岭至波斯而到达西海；南道从鄯善，经于阗、吐火罗至北婆罗门，最后到达西海。隋代西部疆界在塔里木河之东，其时为西突厥的势力范围。裴矩对西域的经营，保证了丝路的畅通，隋炀帝时西域30余国胡商到长安和洛阳经商。隋代长安的"四方馆"就是招待四方宾客及互市贸易的机构。

唐代西部的疆域远远超过了此前的任何时代，公元7世纪的西部边疆在咸海附近。为了保证中西交通畅通无阻，巩固唐朝在西域的统治，唐太宗时期设立了龟兹、于阗、疏勒和碎叶四个军事重镇（有一种看法认为碎叶应为焉耆）；唐高宗时期击破西突厥，巩固了唐在中亚地区的统治。唐高宗显庆三年（658年）于统辖地区设置大宛等都督府，后来又置月氏都督府、波斯都督府等。公元651年，大食灭波斯萨珊王朝，波斯王子卑路斯投唐，授波斯都督府都督。于是，唐朝与大食之间展开了错综复杂的政治与军事斗争，中亚及西域诸小国都成为唐与大食争夺的对象。著名的怛罗斯之战就是在这一背景之下爆发的。

第四章 丝路花雨

公元751年，唐安西都护高仙芝出兵石国，石国（今乌兹别克斯坦的塔什干地区）向大食求援。大食驻扎呼罗珊的总督派大将萨利赫领兵救援。双方于怛罗斯（今哈萨克斯坦江布尔城）遭遇。两军对峙五日五夜，不分胜负，后来唐军因突厥葛逻禄部倒戈而溃败。由此导致了唐朝在中亚势力的全面退却，确定了穆斯林在中亚的优势地位。此后，在中西方交往中扮演重要中介角色的便是阿拉伯人与回鹘人。

此一时期对南海及南亚各国的外交事件，以常骏出使赤土国最为著名。所谓赤土国，大体在今马来半岛，具体说法不一，有说在泰国境内，有说在马来西亚境内，还有说在新加坡、苏门答腊和斯里兰卡的。公元607年前后，屯田主事常骏应募出使南海，从广州起程，海行经越南海岸，西至马来半岛东岸，在赤土国受到热烈欢迎。于610年春天回国，受到隋炀帝的接见。所撰《赤土国记》《真腊国事》可惜已不传世。而唐代高宗上元年间（674~676）的达奚弘通则比常骏走得更远。他在到达赤土后又继续航海而行，途经36国，而到达一个叫"虔那"的地方，大约在阿拉伯半岛南部地区。虽然他的《海南诸国行记》也早亡佚，但他成为第一位有姓名可考的渡海西行并横渡印度洋的中国人。

唐代地理学家贾耽也是中西交通史上的重要人物。《新唐书》卷43下《地理七下》记载了贾耽调查的中外七条交通路线，其中除安西入西域道、安南通天竺道外，还有广州通海夷道。这条海道据研究可以分为四段，即第一段从广州启航到新加坡，第二段从新加坡海峡到斯里兰卡，第三段从斯里兰卡到波斯湾，第四段从波斯湾到东非海岸的达罗斯萨拉姆。海行需历时约100天。

贾耽所述的这条海道在阿拉伯文献《中国印度见闻录》（约成书于公元851年）得到了印证。该书谈到商船从波斯湾到中国，首先是把货物从巴士拉、阿曼等地运到尸罗夫上船，然后航行一个月到印度的故临（奎隆）；从故临经锡兰岛（斯里兰卡）、苏门答腊而到达吉拉约需一个月。在从那里航行10天到达马来半岛东岸，一个月后到达占婆岛，再过一个月到达广州。虽然此处航行时间较贾耽所记要长（约多出30天），但行经路线则是一致的。怛罗斯之战中成为大食俘虏的杜环（当生于730年前后），被俘后在阿拉伯国家居留了12年。公元762年，他从波斯湾搭乘商船回到广州，著有《经行记》记其经历，由于该书散佚（残存记录见于杜环族叔杜佑《通典》卷192、卷193《边防典》），其海行路线不详，但很有可能也是走的这条海道。

前些年发现的杨良瑶（736～806）墓志，记载了这位唐德宗时期的宦官奉命出使大食的事迹，785年，他从广州出发前往巴格达，联络大食，牵制吐蕃的势力，两年后回国。杨良瑶、贾耽、杜佑、杜环都是同时代人，他们很可能分享了杜环在西亚游历的经验。

关于中国与印度次大陆的交通，在唐代也是最为热络的通道之一。玄奘曾经从陆路，义净又曾从海路走了来回，我们将在下节介绍。这里谈谈中印之间的第三条通道，即中印藏路上的交通。其中最重要的事件是王玄策三次出使印度。

还在王玄策使印之前，中天竺（时印度分为五天竺）摩揭陀国王尸罗逸多已两次派使节出使长安。643年，唐太宗派出的李仪表、王玄策为正、副使节的代表团，等于是一次回访。使团一行23人，由吐蕃、泥婆罗（今尼泊尔）入印。中国使节在摩揭陀国的王舍城东北的山上凿石为铭，又立碑记事，受到了国王尸罗逸多的隆重接待。随行的宋法智等人图写下弥勒像，传到长安，成为僧侣摹写的范本。使团还带回中天竺国王的嘱托，将中国道教经籍译成范文回赠给印度。

647年，王玄策与药师仁作为正、副使节，携带着老子《道德经》的梵文本再次来到中天竺时，国王尸罗逸多已死，国内大乱。王玄策等人竟被摩揭陀北部邻国国王阿罗那顺劫掠，使团过境受阻，王玄策被扣押。后来王玄策设法在夜间逃出，借得吐蕃与泥婆罗兵力击破阿罗那顺，并将他擒送到长安。中国使团传入的《道德经》及道德礼仪从此在天竺各地流传。

657年，王玄策第三次出使印度时，已是唐高宗初年。这次他又在著名的摩诃菩提寺树立一碑，还带回一片佛顶骨，在长安皇宫内供养，使中国佛教崇拜更加升温。

王玄策短短时期内三次往返印度，传播了中国的道教理论与仪式，弘扬了印度佛教于中土，他走的是中印之间的吐蕃泥婆罗道，即所谓中印藏道，使中印间的陆路交通大大缩短。泥婆罗的赤贞公主和大唐的文成公主入藏，使长安到拉萨、拉萨到加德满都的山道畅通无阻。王玄策的三次出使均往返该道，从而使中印藏的这段陆路交通繁盛空前，可惜的是7世纪后半叶这条通道就关闭了。

二、玄奘与义净——佛教文化继续东传

印度佛教文化在魏晋南北朝以后继续向东传播。南北朝时儒、佛、道三教斗争激烈，各朝廷或灭佛兴道（北魏太武帝、北周武帝两次灭佛），或舍道兴佛，但佛道两教依然存在，到了隋唐时代形成了"三教"鼎立的局面。从唐高宗时编纂的佛教历史文献《广弘明集》看，这一时期三教之间主要围绕着儒、佛、道谁先谁后的问题发生争论；在佛道与世俗政权之间，主要围绕僧尼、道士应否致拜等问题展开。从总体上说，隋唐时代的佛教是引进与消化并重，一方面佛教进一步与中国文化相融合，逐步创立了一些具有中国民族特色的佛学宗派；另一方面有大量的高僧大德继续到西天去取经，弘扬佛法。这两个方面有时是合二为一的。如玄奘西行求法取得了大批印度佛典，他本人又引入新的佛教宗派，成为法相宗的创始人。

玄奘（602~664）俗姓陈，名祎，今河南偃师人。他于隋末受剃出家，唐初已是名满京邑的高僧，在佛理上崇尚大乘有宗。玄奘决心去西天取经，是因为他感到当时的佛教各宗派义理纷杂，无所适从，希望到佛祖的故乡取回真经。唐太宗贞观元年（627年），玄奘从长安出发，经过河西走廊，出吐鲁番到伊塞克湖，渡过阿姆河入阿富汗。再翻过兴都库什山（大雪山）进入印度境内。他在乌兹别克斯坦、阿富汗、巴基斯坦、尼泊尔、印度等地礼佛游学。

在当时的著名佛学中心那烂陀寺（在今印度比哈尔邦巴特

那附近）停留五年，戒日王为他举办过两次佛学讨论会。玄奘作为"论主"，阐析佛理精到入微，与会数千僧众竟无人能够难倒他。玄奘的佛学造诣受到人们的普遍赞誉。贞观十九年（645年），玄奘携带520箧佛教经论，又从陆路回到了长安，受到了唐太宗的接见与嘉奖。

太宗给他提供了优裕的条件，让他安心在长安翻译佛经。玄奘艰苦卓绝的取经行迹本身就是中印文化关系史上动人的篇章，而他撰写的《大唐西域记》记述了沿途经历传闻多达138国，是我们研究中亚、南亚历史和中西关系史的宝贵历史资料。

与玄奘齐名的唐代另一位取经高僧义净（653~731）从海路到印度走了一个来回。义净俗姓张，名文明，今山东济南人。可以说受法显、玄奘的事迹感召，所谓"仰法显之雅操，慕玄奘之高风"，使他自幼即有志于西行取经。唐高宗咸亨二年（671年），义净第一次获得从广州搭商舶远航的机会，一路上经过苏门答腊岛巨港、马来西亚吉达等地，而到达位于今印度加尔各答西南的耽摩栗底国，后又至摩揭陀国，并在那烂陀寺学习10年。为了抄写佛经，他曾一度于689年回到广州寻找纸墨与抄书手，最后于695年重又从海路回到广州，历时近25年，携回梵本佛经律论约400部，另有金刚坐佛像一尊、佛骨舍利300颗。

义净是与法显、玄奘齐名的三大求法高僧之一。他不但是中印之间文化关系的杰出使者，而且也是中国与印度尼西亚文化交流的功臣。他把中国的纸墨引入印度尼西亚。所著《梵语千字文》是我国第一部梵文字书，收入常用梵文字近千个，附有汉语对音、例句与释义。他在印度尼西亚所撰《南海寄归内法传》以及回国后写的《大唐西域求法高僧传》，是研究中印佛学史及佛学文化交流史的重要典籍。唐太宗、高宗及武后时西行求法的高僧60余人的行事，以及7世纪时期印度的佛教宗派等情况，赖此得以传世。尤其可贵的是，义净回国后利用十几年时间，翻译了包括《华严经》等在内的数十部佛经，除律部外，还有瑜伽系、密宗等方面的书籍多种。他的译经准确，对中国佛经翻译文学也作出了突出的贡献。

义净之后，唐玄宗时又有慧超和悟空西行取经，悟空回国时已是安史之乱后的德宗贞元五年（789年），此后内地西游求法僧遂基本断绝。

佛教中国化完成的标志是隋唐时期佛教宗派的形成，如陈隋间人智𫖮（538~598）创立的天台宗、玄奘创立的法相宗、道绰（562~645）和善导（613~681）创立的净土宗、法藏（643~712）创立的华严宗以及实际上由六祖慧能（638~713）创立的禅宗等。这些佛学宗派互相辩难，互相接近，逐渐走上了融合的道路。特别是佛学的本体论与心性论同儒家思想结合，对于宋代以后理学的形成有重大意义。佛教文化也影响到中国民众的日常生活，如阴历七月十五日的盂兰盆节、腊月初八的佛成道日（腊八）等，与各地民俗结合在一起的民间节日。以五台山为文殊菩萨道场，以普陀山为观音菩萨道场，以峨眉山为普贤菩萨道场，以九华山为地藏菩萨道场等，形成了各地独特的人文景观。总之，佛教文化已逐渐地渗透到中国高雅文化和普通的社会生活之中，佛学成为中国古代文化思想中的重要组成部分。

三、边疆民族语言与中西文化交流

隋唐王朝作为大一统帝国，与西域民族的政治、军事和文化的接触之深，确实是前所未有的。在同中亚与西域的交流中，西域及中亚地区的民族语言起了重要的作用。如果说文化是人所创造和保存的，语言便是文化信息的最重要载体，是文化交流的最重要手段。而在我国新疆、内蒙古境内发现的多种民族古文字如焉耆—龟兹文、于阗塞文、粟特文、突厥文、回鹘文、古藏文等，它们本身就是中西文化交流的产物和历史见证。从这些民族古文字的产生中可以窥见其时西域地区中外文化激荡的历史风云。

（一）焉耆—龟兹文

19世纪末、20世纪初在我国吐鲁番、焉耆和库车（古龟兹）等地发现的这种文字，从所书写的语言上说属于印欧语系。开始人们把它称为喀什噶尔语，后来又称为吐火罗语，由于焉耆与龟兹（库车）出土的文献表现为两种不同的方言，所以又分别称吐火罗语A和吐火罗语B，现在一般称为"焉耆—龟兹文"。

焉耆—龟兹文从字体上看是由婆罗谜（Brāhmi）中亚斜体字母拼写而成。婆罗谜字是印度孔雀王朝阿育王时代所用的字体，一般由左向右写。该语言估计只是在新疆的焉耆及库车地区流行，目前出土的文书的年代在晋唐（3~9世纪）之际，而以隋代及唐前期（6~8世纪）为主。9世纪以后，这种文字便渐趋消失。从文书的内容看，焉耆方言文书基本上是佛教典籍；龟兹方言的残卷则除了大量佛经外，还有少量世俗文书，如公私文牍、文学作品、经济文书和石窟题记等。特别是1974年焉耆出土的长达44张88页的《弥勒会见记》残卷，是我国现存最早的古代剧本，对于研究西陲戏剧的起源及其与内地剧本的关系，都具有重大学术价值。由于早期中原佛经翻译往往以焉耆—龟兹文为媒介，许多佛学术语不是直接从梵文或巴利文，而是从焉耆—龟兹文翻译过来。由此可见，焉耆—龟兹文对研究中亚古代文化、研究西域文化对中国的影响，以及中国古代文化在中亚的传播等都具有重要意义。

（二）于阗塞文

于阗即今新疆的和田。19世纪末、20世纪初，在古于阗国遗址等地发现了一种源于印度婆罗谜字笈多正体的文字，是当地居民曾使用过的古文字，古称于阗文。后来人们发现，在中亚一带建国的塞卡（Saka）人也使用这种文字，故又称为于阗塞文。玄奘《大唐西域记》卷12中提到，于阗国（时称"瞿萨旦那"）"文字宪章，聿尊印度，微改体势，粗有沿革，语异诸国"。这种文字有52个字母，其中多数与古藏文相似，甚至附加的总音符号也是一样的，所以，有人认为至少就字形而言，古藏文来源于于阗塞文。可见，于阗塞文本身就是东西文化交流的结晶。

古代于阗地区汉文、佉卢文和于阗塞文并行。从东汉时期的汉文木简可知，西域东段地区的贵族曾使用过汉文。到了

第四章　丝路花雨

3世纪，佉卢文及印度西北俗语又流行该地。这可能是因为不少贵霜帝国的人迁居那里，从而对那一带的经济文化产生了很大影响，出土文物"汉佉二体线"一面铸有汉文，另一面铸有佉卢文，上面还铸有马或骆驼的图样，形象地反映出中西文化交融的情景。

大约在公元5世纪以后，佉卢文逐渐消亡之时，又出现于阗塞文与汉文并用的时代。现在发现的于阗塞文，大都属于6～10世纪。从文献的内容看，最多的是佛经，为研究西域佛教史和佛经流传史提供了宝贵的第一手资料。于阗塞文的非宗教文书不多，但内容仍然十分丰富，包括敕令、行记、账目、书函、公文、医药及文学语言等门类。如敦煌发现的《于阗沙州行记》残卷，年代约在公元925年（后唐庄宗同光三年），内容叙述于阗国王派遣使节往沙州，以及使节在沙州朝拜佛寺和施捐祈愿的情况。又如《甘州突厥记事》文书，记述了于阗使臣路经甘州，正值甘州的突厥族互相攻战，被迫返回。于阗塞文及其文献对研究中国内地与西域地区密切的政治文化关系的重要历史价值于此可见一斑。

（三）粟特文

这是公元2世纪、3世纪到11世纪流行于中亚及中国西北地区的一种古文字。古代粟特人活动的中心在阿姆河与锡尔河之间。中古史籍上的所谓昭武九姓"胡人"，实际上就是粟特人。粟特人以善于经商著称，足迹踏遍西域各地，因而粟特语成为中亚地区较大范围内使用的国际性商业语言，是真正沟通中亚文化与经济活动的媒介。粟特语属于印欧语系伊朗语族东伊朗语支。其字母系统则出自闪米特语，源于古阿拉米（Aramaic）字母。古阿拉米字母直接影响到突厥、回鹘文字的形成，间接地也影响到蒙文及满文的形成，而粟特文从右向左横写，以及自上而下竖写向右移动的写法，据说也是受到古汉语书写习惯的影响。大约13世纪蒙古人进入中亚后粟特文才被废弃。

现存粟特文文献有摩尼教、基督教、佛教经典，也有商业书信、壁画题记等。20世纪初，英国的斯坦因在敦煌以西的烽火台遗址获得的"粟特古书简"，是在中国经商的粟特人在纸上写给家乡的6封私人信件，内容涉及中亚商人进入河西及中原地区经商的情况，是中西经济关系史的珍贵资料。20世纪30年代在撒马尔罕穆格山出土的约80件粟特文献，写在羊皮、木简及纸片上，年代属于公元8世纪，今人认为是中国史籍中记载的盛唐时代安国王与康国王的档案文书。

（四）突厥文

公元7~10世纪我国古代北方民族突厥、回鹘和黠戛斯等族使用的音节文字，流行于今新疆、甘肃的一些地方，以及漠北广大地区。因为这种文字的碑铭主要发现于蒙古鄂尔浑河流域及西伯利亚的叶尼塞河流域，所以也被称为鄂尔浑—叶尼塞文；又因为文字的外形与古代日耳曼民族使用的卢尼文相似，故又被称为突厥卢尼文。中国史籍《周书》中已有突厥"其书字类胡"的记载，从近世各地发现的突厥文碑铭与写本文献研究可看出，突厥文有38~40个字母，有23个来源于阿拉米文，它有可能是通过中亚的伊朗语系民族如粟特人等传入突厥的。由于突厥帝国曾是历史上极强盛的政权，突厥文在广大的地域

第四章　丝路花雨

内被使用，不仅隋唐时代的突厥，也包括后来的高昌回鹘王国及黠戛斯等。出土文物表明，突厥文也曾流行于古代乌兹别克的费尔干纳盆地，乃至东欧的多瑙河流域的一些地方，是那个时代中亚地区粟特文之外，又一流行的国际语言。

现存的突厥文资料主要是碑铭，著名的《阙特勤碑》和《芯迦可汗碑》的制式与唐朝中原内地的纪念碑形式完全相同，碑石的制作与碑文的雕刻也完全出自中国工匠之手。碑文有汉文与突厥文两部分，内容主要记述突厥第二汗国的创建者骨咄禄及其子芯迦可汗、阙特勤的生平事迹与武功，突厥与唐及其他西北民族关系。敦煌文书中有突厥文《占卜书》，计104页，在楼兰文书及吐鲁番文书中都有少量突厥文文献。

（五）回鹘文

古代回鹘人使用的文字，从公元8～15世纪，流行于中国新疆地区及中亚楚河流域。关于这种音素文字的起源，学术界有不同的看法：一种意见认为，它是使用叙利亚文的景教徒根据叙利亚字母创制的；目前为学术界多数人认同的观点则认为粟特文才是创造回鹘文的基础。人们在唐代回鹘首府即所谓黑虎城的地方发现了一种鄂尔浑碑铭《九姓回鹘可汗碑》，该碑文除突厥文、汉文之外，还有一种新文字，将这些新文字的残字与新发现的粟特文残片相比较研究后，发现碑中新文字就是较回鹘文更古的文字——粟特文。人们推测，在此碑建立之前，可能已有一个突厥文与回鹘文并用的时期。当回鹘人脱离突厥自立之后，逐渐采用粟特文字母，或两种文字并用而以回鹘文为主。8世纪时，回鹘人就已开始使用由粟特文字母演变而来的新文字系统。10世纪后，南疆的回鹘人开始使用阿拉伯字母来拼写文字，但回鹘文仍未废止。在元代，回鹘文为蒙古人所采用，形成了后来的蒙文。16世纪后，满族又仿照蒙古文创制了满文。直到17世纪，回鹘文也没有完全停止使用。由于古代维吾尔广泛使用回鹘文，保存下来的回鹘文文献甚多，内容包括佛教、摩尼教、景教文献，文学作品、医学著作和公文、契约、碑铭等。

（六）古藏文

据藏族史书记载，藏文是7世纪吞弥·桑布札创制的。吞弥·桑布札传说是松赞干布派往印度求学的16名藏族青年之一。他学成后返回吐蕃，参照梵文而创制出藏文。梵文有34个辅音字母、16个元音字母，其中23个辅音字母和1个元音字母被藏文采用作辅音字母，另创6个适合藏语读音的辅音，4个梵文元音字母被用作藏文元音字母，这样就产生了藏文通用的30个辅音字母和4个元音字母。从藏文的字体看，有人认为藏文的"有头字"（类似正楷）有可能源自西亚的大食国；也有人鉴于古藏文字母多数与于阗塞文相似而认为最早的于阗塞文也许正是藏文字母的直接来源，至于于阗塞文的祖先则是印度婆罗谜字笈多正体。

藏文文献非常丰富。早期文献多属金石铭刻、木简、手卷一类，内容以会盟祭祀、记功述德、历史文书和佛教经典居多。著名的《长庆会盟碑》即唐穆宗长庆三年（823年）唐与吐蕃双方会盟的记录。敦煌文书中大批藏文卷子，新疆及敦煌各地出土的藏文竹木简牍也是十分珍贵的资料。宋元以后的藏文佛经以及文学、历史著作更是十分丰富。由于文字上的渊源关系与地域上的邻近关系,藏文大量地吸收了印度文化。同时,藏文又直接影响了元代西藏喇嘛创立八思巴文字,并成为元代的"国字"。从形式上看,它的字母源自印度,而其拼写的方形字又显然受到汉文的影响,所以它身上保留着中西文化交流的浓重印记。

从上述我国古代边疆民族地区及西域、中亚广大地区流行的几种古文字可以看出,中古时代中西文化交流的历史形式是极为丰富多彩、极为复杂的。人员的大迁徙,导致了文明的大碰撞、文化的大交流,而古代语言在其中充当了重要的媒介作用。如今这些古文字及其文献在中国、西欧、中亚及南亚,在世界许多地方,都有学者从事研究,成为专门的学问,也成为中外学者开展文化交流的一个内容。

四、唐代的长安与西域文明

由于唐代积极开拓对外关系,是中古时代世界性的大帝国,唐都长安成为当时国际性的大都市,西域各方人士来华并留居中原者络绎不绝,其中以长安最为突出。长安的民风民俗、宗教文化,充分反映了其时中西文化交流的盛况。

唐初留居长安的各族侨民以突厥人为多。东突厥平定后有近万家突厥人迁居长安。后来昭武九姓"胡人"(粟特人)以及其他中亚各族人民也成批地移民长安。其中有武将、富商、艺术家以及摩尼教教徒等。波斯人来华者多为富商,或为上层贵族。唐代的波斯店经营放贷业十分有名，长安的珠宝香料贸易大多操纵在它们手里。波斯国被阿拉伯人攻占后，王子卑路斯流亡长安。由于阿拉伯人的势力步步进逼，西域流亡君主与贵族寄居长安者，不在少数。印度来华者多是高僧大德。他们来华建立宗派、传教弘法、译述经典，也带来天文历法及医药科技知识，其代表人物如达摩多、北印度人不空、中印度人善无畏等，都曾在华游历传教，或创立宗派。据今人统计，当时百万人口的长安城中，西域及中亚各族侨民占5%左右。这些留居长安的侨民羡慕华风，学习汉族传统文化，大多数还袭用汉族人的姓氏，有的与汉人通婚，逐渐地华化。另外，由于大批"番胡"入唐，唐代长安、洛阳及其他大都市"胡风"炽盛。胡乐、胡舞盛行一时，胡服、胡食为人们所喜爱，佛教之外，西域其他宗教也在中土建寺传教。

音乐舞蹈方面。北齐的曹婆罗门一家以善琵琶著称。唐代的琵琶高手如林，除曹氏后裔外，又有来自米国的米氏家族。曹、米二家在京城以乐舞世家著称。此外还有康国及安国的乐舞能手。隋代的九部乐是在中国传统音乐基础上，广泛吸收西北少数民族音乐而成的。唐代又增加了高昌乐，定为十部，即燕乐、清乐（汉族南朝音乐）、西凉、天竺、高丽、龟兹、安国、疏勒、高昌、康国。其中龟兹乐的乐器和乐律都出自西方的波斯、印度和埃及。长安盛行的舞蹈有健舞、软舞的划分，健舞中的阿连舞出自里海的萨尔玛提，拂菻舞来自拜占庭，柘枝舞出自石国，胡旋舞也出自石国。唐明皇宠妃杨玉环及大将安禄山都善胡旋舞。软舞中的苏合香源出印度，兰陵王出自中亚。

第四章 丝路花雨

在社会风尚与生活习俗方面。元稹的《法曲》描述盛唐时期京都流行西域风尚云："女为胡妇学胡妆，伎进胡音务胡乐。火凤声沉多咽绝，春莺啭罢长萧索。胡音胡骑与胡妆，五十年来竞纷泊。"元稹的描述是有根据的。如服饰有胡帽，起自吐火罗的长裙帽，为长安士庶所喜用。衣着款式也受中亚及波斯的影响，唐俑中有折襟胡服的男子像，即属波斯风格。吐火罗人的小袖袍、小口裤，中亚胡旋舞、柘枝舞舞女穿的双袖紧缠的衣装，也影响到长安城里士民襟袖窄小的服装样式。萨珊波斯妇女流行的耳环也传到唐朝。女子的披肩则仿自印度。长安妇女好高髻，则出自中亚。

饮食习惯中有所谓"胡食"。"毕罗"就是中亚、印度和阿拉伯国家通行的抓饭。"胡饼"又称"麻饼"，外是芝麻，中有馅，原料各有不同。长安城中，波斯人开的酒店甚多，酒食之外，又有胡姬起舞助兴，李白《少年行》云："五陵年少金市东，银鞍白马度春风。落花踏尽游何处，笑入胡姬酒肆中。"在娱乐方面，长安居民喜好的泼寒胡戏，原出于拜占庭，经由康国传入。舞者裸体跣足，唐代皇帝也曾率百官观赏。又有波罗球戏，源出波斯，亦由中亚传入长安，这是一种马上球戏，球员骑马以杖击球，先击球入网者为胜。长安上自皇帝万岁，下至士庶百姓，都爱好这种竞技活动。唐玄宗年轻时，就是击球高手。

世俗生活方式之外，西域流行的宗教如所谓"三夷教"——祆教、基督教（景教）、摩尼教也传入中国。

波斯人琐罗亚斯德（Zarathustra，正确译名应是查拉图斯特拉，文中姑且从旧）在公元前6世纪时创立琐罗亚斯德教，它曾经是波斯的国教。并且流行到隶属波斯的粟特地区。狭义的粟特地区以康国为中心，广义的粟特则包含阿姆河和锡尔河流域周边地区。其后，琐罗亚斯德教与历史上曾经流行于粟特地区的众多宗教信仰混杂糅合，形成了粟特系的祆教。因其崇拜火，拜占庭人称之为"拜火教"。粟特与波斯历史关系的演变、粟特地区处于各种文明交汇地、粟特商人逐利而奔走四方并受到各地文化的影响，这些因素表明粟特祆教是粟特人历经几百年独立形成的民间信仰或习俗化了的信仰。由于萨珊王朝以此教为国教，其势力在中亚地区逐渐扩张，中亚各国也都崇信此教。

北朝时代，祆教已经传入中国。隋末唐初，"祆教"这个名称才正式出现，此前史籍中通常称"祆"为"天神"、"火神"或"胡天神"。"祆"这个字也是唐初的新造字，陈垣先生早在《火祆教入中国考》中已考证此字为"天神"之省文，而不称"天神"却称"祆"，明其为"外国天神"。祆教入华后，政府并未对其信仰有何限制，如唐朝仅是明令其只能在胡人中传播。唐代长安城中有祆祠五处，置官管理。政府保护祆教徒岁时祭奉的权利，但禁止汉人入教。来华胡人想必感受到了中国传统文化的强大影响，故而在某些方面主动或被动地改造自己的习俗以适应中国文化，这也与粟特系祆教作为民间信仰体系而容易吸收接纳他种习俗及信仰之特点相关。

摩尼教因创教者波斯人摩尼（216~277）而得名，是以祆教为基础，吸收基督教、佛教教规而创建的一种宗教。它认为世界的本源在于明暗二宗，用明暗二宗在过去、现在和未来"三际"的不同表现与相互较量，说明世界的变化。魏晋时期摩尼

第四章　丝路花雨

教可能已传至粟特地区，唐以前已传至新疆等地。武则天延载元年（694年），有波斯教徒携《二宗经》到达长安，得到官府的认可并公开传教。至唐玄宗开元二十年（732年）仅下令限制只能在胡人中传教。安史之乱后，由于帮助唐朝平乱的回纥崇奉摩尼教，在回纥支持下，摩尼教又得以在中原公开传教，唐政府还批准成立"大云光明寺"作为传教的场所。会昌年间灭佛，摩尼教再度被取缔，有些信徒迁到边远地区继续传教，比如呼禄法师在福建的三山（福州）和泉州传教，湖北英山地区发现的摩尼教遗迹大约也是会昌年间流落此地的摩尼教徒对当地影响的体现。而在河西和新疆地区，摩尼教则因回鹘西迁反而兴盛起来，吐鲁番地区的摩尼教信仰一直延续到14世纪以后才逐渐消失。

　　基督教最初传入中国，据说在公元3~4世纪。新疆米兰地区有基督教壁画的寺院可算作中国最早的教堂。过去的研究者把它称作聂斯脱利派（Nestorius），所谓被罗马教廷放逐的异端，其实是对教会史的一种误解。现在的研究表明，景教就是来自波斯的基督教会。据说北朝时期已传教至洛阳，6世纪成立的撒马尔罕大主教区已兼管中国教区。"景教"这个名称最早见于大秦景教流行中国碑，根据该碑记载，唐太宗贞观九年（635年），传教士阿罗本在长安受到太宗的欢迎。十二年（638年）设立波斯寺（后称大秦寺），景教在长安及外地流传开来。唐德宗建中二年（781年），长安的景教教徒镌刻的这尊大秦景教流行中国碑记录了景教在唐朝的传播历程，撰文者为叙利亚人景教僧景净。碑文由汉文与叙利亚文组成，内容可分为两部分：第一部分是序文，首先简要介绍景教的基本信仰，然后详述自景教僧阿罗本于贞观九年到长安立足直至此年的约150年间，景教在中国的发展情况；第二部分是颂词，以韵文写成。大秦景教流行中国碑于1625年在西安被无意发现后，很快受到中外人士的重视，明末来华的耶稣会士将大秦景教流行中国碑碑文译为西文传到欧洲，在基督教世界激起巨大反响，成为研究中西文化关系的重要文献，此碑被誉为世界四大石刻之一。

第五章

天方海舶
五代宋辽金中西文化的融通

第五章　天方海舶

唐朝灭亡后，中国历史又进入了一个分裂的时代。北方地区是几个少数民族建立的政权，中原及南方是汉人建立的政权。在西北地区先后有喀喇汗国、回鹘、葛逻禄、西夏等政权，在东北及北方有辽、金政权，与之相抗衡的是建都于开封的北宋和南迁后建都于临安（今杭州）的南宋政权。这时期中西关系的特点是，由于陆路的梗阻，中原王朝与西域中亚地区的直接交往在减少，而南海海路上的交往则在唐代的基础上更进一步发展起来；周边少数民族建立的政权成为中西文化交流的积极参与者，并充当内地与西域交往的中介角色；由于阿拉伯世界的扩张、繁盛，中国文化与阿拉伯文化的交流大放异彩，并进而影响到中欧之间的文化交流。

一、10世纪至12世纪的西域地区政权与中外文化交流

公元840年，雄踞漠北近百年的回鹘汗国由于天灾、人祸（内讧）和黠戛斯族（吉尔吉斯族的前身）的侵袭而灭亡。根据

中文史籍记载，有三支回鹘部落向西迁徙。一支投奔葛逻禄，一支投奔吐蕃，一支投奔安西，各自建立了政权。这就是历史上著名的"回鹘西迁"。

西迁的回鹘建立的三个政权是：与突厥族的一支葛逻禄部在葱岭西侧共同建立的喀喇汗国；乘吐蕃衰微在河西地区建立的甘州（今甘肃省张掖市）回鹘政权；在今新疆境内的安西回鹘，安西回鹘在唐末又分成两支，即以敦煌南部地区为中心的沙州回鹘和以西州为中心的高昌回鹘。这些基本上从西向东分布的回鹘（或回鹘—突厥）政权，在中原与西域交往上起了重要的作用。

喀喇汗国从公元840年至公元1212年统治了唐朝原北庭都护府和安西都护府的大部分地区，其统治民族主要是回鹘、葛逻禄、突骑施等。首都是今天新疆的喀什。汗国的基本疆域在伊犁河、楚河流域，北至巴尔喀什湖，南及葱岭，东与龟兹（新疆库车）相接，西抵锡尔河流域。当时它的西部地区是伊朗语族建立的萨曼王朝——阿拉伯人在中亚的附庸。公元999年，萨曼王朝为突厥所亡，喀喇汗国王族的一支在那里建立了西喀喇汗王朝（1041～1212）。这些政权最终取代了粟特人（操伊朗语）在葱岭东西作为贸易中介人的地位。喀喇汗国在文化上留下的巨大财富之一是马赫穆德·喀什噶里的《突厥语大辞典》。

由于伊斯兰势力的东进，中亚地区的突厥民族10世纪后也信奉伊斯兰教，使该地区的民族在宗教、语言、文化与风俗习惯方面渐渐趋于一致，并成为穆斯林世界的一部分。但是突厥人及其文化在当时伊斯兰世界的巨大影响并未消失。为了保

第五章 天方海舶

存突厥文化,促使阿拉伯人学习突厥语,出生于喀什的维吾尔族人(回鹘人)马赫穆德·喀什噶里于回历464~470(公元1072~1078)年用阿拉伯文完成了《突厥语大辞典》这部巨著。作者熟悉回鹘—突厥文化,也受过汉文化的教育,接受了阿拉伯—伊斯兰文化的熏陶,该书可以说是东西方文化交流的结晶。该书引言中有一节叙述从东罗马附近开始,到太阳升起的方向的各个民族与国家,其最东处是"契丹"。并说契丹原来为"秦",后来称"桃花石",又叫"马秦",即"大中国",在当时就是指宋朝。在另外的地方又说秦本来分为三部,上秦在东,即桃花石;中秦为契丹;下秦就是喀什噶尔。虽然作者对远东的知识仍然比较有限,却力图描述世界的全貌。书中的一幅圆形地图,是作者心目中的世界图像,对于研究11世纪的中西关系史具有重要的参考价值。

喀喇汗国时期流传下来的另一文化成就是回鹘文人优素甫·哈斯·哈吉甫用回鹘语撰写的诗歌体哲理著作《福乐智慧》。优素甫是出生在巴拉沙衮(今吉尔吉斯共和国的托克马克附近)的一位隐士,约1069~1070年于喀什噶尔写成该书。作者对回鹘民族传统文化、中原汉族文化、伊斯兰文化、古希腊文化和印度文化等都相当熟悉,使他这部哲理著作能够融汇诸种文化,特别是回鹘、中原及伊斯兰文化,自成一体。书中以理想化的色彩设计了国家长治久安的方案,作为君王之借鉴,这在当时就得到桃花石大汗的赞扬,并广泛流传。秦人(指契丹的辽朝)称该书为《王君之宝鉴》,马秦人(宋朝)称之为"国家之眼睛",东方人称之为"统治者的装饰",伊朗人称之为"突厥王书",

还有人称为"劝王书"。可见，不仅这部著作本身含纳了伊斯兰、佛教、儒家以及古希腊、古巴比伦文化的内容，而且它的流传过程就是东西文化交流的一段佳话。

高昌回鹘政权及沙州回鹘政权在中西文化交流中也作用重大。高昌回鹘政权与东边的辽、宋、西夏、金以及西边的喀喇汗国、萨曼王朝、波斯和印度都有广泛的联系，从而发展出吸纳东西方文化于一身的颇具特色的高昌回鹘文化。这个地区祆教、摩尼教、景教与佛教同时流行，而以大乘佛教最盛。在高昌众多的佛寺中，有不少壁画与塑像，也有不少佛典，这些艺术品颇受东西方文化的影响，佛典也译自汉文、梵文、藏文及龟兹文。在回鹘语的佛教术语中又夹杂着摩尼教的名词。雕版印刷术在高昌十分发达。在今吐鲁番至托克逊一带发现了大量的印刷品，主要是用回鹘文、汉文、叙利亚文、梵文、波斯文、突厥文、吐蕃文、西夏文等十多种文字刻印的佛教、摩尼教、景教、祆教等宗教文书和典籍。无论何种文字的书籍都有汉文页码，装帧则有卷轴式、折叠式和贝叶式三种，反映出汉文化与印度文化的影响。高昌回鹘时代的壁画代表是伯孜克里克石窟壁画。它把汉、粟特、波斯、犍陀罗和中印度的绘画风格糅合在一起，创造出了一种独特的画风，用以表现虔诚的宗教感情和粗犷刚健的高昌回鹘人的精神面貌。高昌的世俗文化中既保存有《唐韵》《玉篇》等汉籍，又有译为回鹘文的《伊索寓言》，同样表现了熔东西文明于一炉的综合文化的特征。公元1132年后，高昌回鹘政权为西辽所征服。

西辽是辽朝的流亡政权。辽灭于金，大臣耶律大石率领一

第五章　天方海舶

部于1124年西迁至楚河流域，并在那里建立了政权，历史上称为西辽。从1131年耶律大石称帝到1143年他去世，西辽成为一个地跨葱岭，东起阿尔泰山，西至咸海以北，北起巴尔喀什湖，南至阿姆河的泱泱大国，阿拉伯的史家称之为"哈拉契丹""黑契丹"。西辽在中亚的立国使契丹（Kathay、Cathay）成为西方称呼中国的名称。西辽的立国也对汉文化的西被起到了极大的推动作用。西辽国的官制、税制均源自中原。在西辽，汉语是政府的官方语言，公文通用汉文，境内有不少汉族居民。西辽在铜币的造型上也仿照中原的式样铸造。耶律大石熟悉汉文化，热心倡导中原文物制度，从而使汉文化成为西辽官方倡导的正统文化，汉文也成为中亚地区流行的文字之一。这使得不少波斯人也对汉语熟悉起来，汉文化也为中亚及西亚的各族人民进一步接受。

二、香瓷之路与南海贸易

魏晋南北朝迄隋唐时代，在东西方海上贸易中，由于波斯萨珊王朝的兴盛，波斯湾取代红海而成为海路西端的贸易中心；但是唐末五代以来，由于北非突尼斯法蒂玛王朝的兴起，在埃及的福斯塔特逐渐成为阿拉伯世界最大的货物集散地的同时，阿拔斯王朝及阿拉伯世界的贸易中心报达（今伊拉克的巴格达）却日益走向式微；在开罗成为阿拉伯世界的政治中心之后，红海在东西方贸易中的重要位置又超过了波斯湾。宋代对外贸易往来十分发达，据中国史书记载，辽宋时期与西部阿拉伯世界的使节往来见于记载的不下54次。阿拉伯使节使辽都是走陆路，而使宋绝大部分是走海路。当时南海地区流行的巨舶大艘，主要是中国商船，与唐宋以前的中国人西行求法多乘坐波斯等外国商船大为不同。宋代海外贸易的发达，一是因为中国航海技术的提高，二是得益于造船工业的发展。宋代江苏崇宁造一种远洋航船，称"防沙平底船"，载重达4000~6000石（约合500~800吨）。这种船甲板宽，船底平，吃水浅，不怕搁浅，多桅多帆，航速较快，稳定性好，而且不怕风浪，很适合远洋运输。福建造的"海舟"则是一种四层尖底船。它底尖上阔，首尾高昂，两侧有护板，吃水深达4米，以航行远海著称。1974年泉州湾发掘出一艘宋代海船，尖底而船身扁阔，尖头方尾，正是福建造的"海舟"。这艘海船复原后，船长约35米，宽近10米，深3米多，船身高约8米，船尾高达10多米，排水量在375吨左右，载重量推算约110吨。这当然不能算最大的船，最大的船长达100米，是出土海船的三倍。据周去非《岭外代答》记载，宋代远洋海船载容量可达数百乃至上千人。朱彧《萍洲可谈》中提到远洋航行，"舟师识地理，夜则观星，昼则观日，阴晦观指南针"，甚至能从砣底所黏附的海底泥沙情况来判断船行的位置。所有这些都可见当时航海技术已达到很高水平。宋代海外贸易输出的商品除了传统的丝绸，瓷器占了极重要的地位，而输入的外国商品中，香料则占大宗。所以有人把南海商道称作"海上丝绸之路"，又称"香瓷之路"。瓷器在外贸中占据重要地位，是因为宋代的制瓷技术也有了极大的进步，涌现出不少精品，而产量上也有很大提高，可供大量外销。商人乘坐高大的海船，分别租占船舱数尺地方，贮货于下，夜卧其上。而货物的大宗即为陶瓷器皿，器皿大小相套，不留空隙，码放得很严整。宋代外销瓷器主要是越窑（9~11世纪）的青瓷精品。龙泉窑出的青瓷的外销从11世纪开始，迄于15世纪，400年间畅销不衰。次于龙泉青瓷的外销瓷还有江西景德镇及闽粤名窑生产的青白瓷、白瓷。中国的瓷器在亚非各国受到普遍欢迎。近数十年考古工作者在波斯湾头的巴士拉，在亚丁港，在东非海岸，在地中海地区都曾发现不少宋瓷残片。特别是在埃及开罗南部的福斯塔特发现了一处堪称陶瓷博物馆的遗址。福斯塔特古城9世纪一度是埃及土伦王朝的首都。9世纪后突尼斯的法蒂玛王朝占领埃及，开罗成为新的政治中心，但福斯塔特作为阿拉伯世界的货物集散地和财富总汇的地位仍然维持到12世纪。现在在这里发现的陶瓷残片至少有50万片，大部分属于7~17世纪。除了埃及当地产品，最多的是中国的陶瓷残片，约为12000片。这是在中国以外地区出土中国陶瓷残片最多的遗址。这些陶瓷制品估计是经海路运抵红海沿岸的爱扎布港（今属苏丹），登岸后经过沙漠与山路西运至尼罗河畔，再经尼罗河水道运至福斯塔特的。从宋瓷残片远远多于唐以前残片这一事实可以看出，在10~12世纪这一时段内，中国与埃及、西亚的海道贸易较过去是为发达。只是由于当时红海贸易控制在波斯人与阿拉伯人手里，中埃之间的海道贸易往往必须经过中途转手，方可完成。

　　西方输往中国的商品以香料为大宗。佛教的兴盛以及中国士大夫自唐代以来盛行熏香之风气，使宋代的香料消费数量大增。大诗人陆游（1125~1210）说北宋时贵妇乘车驰过，香烟外逸，数里不绝，连尘土也带香气。宰相蔡京会客时，熏香从帘中发出，云雾蒙蒙，客人们回家后，衣服上的芳馥数日不歇。可见其时香熏风气之盛。赵汝适的《诸蕃志》记录了47种外国物产，注明产自西亚与非洲的22种中，绝大部分是香料，如乳香、金颜香、苏合香油、安息香、沉香、笺香、丁香、木香、龙涎、蔷薇水、栀子花等。

宋代中西海上交通及贸易频繁，丰富了宋人关于海外的知识。在公私著述中，以周去非的《岭外代答》和赵汝适的《诸蕃志》最为有名。

周去非大约在公元1178年前后写成《岭外代答》一书。他曾任职于桂林，本书即其在岭南耳闻目睹或从译人访闻得来的故事。书中对"大食诸国"即中亚、北非伊斯兰国家的地理与物产作了详细的描述。当时宋代与西方的海上航线有两条：一是唐代贾耽所说的由广州或泉州到波斯湾的传统航线，另一条是横渡印度洋的新航线。

在前一条航线上，中国商舶大约每年的仲冬乘东北季风启航，约经40天的航程可达苏门答腊，在此做生意并休整补给，过年后再经一个月的航行可达印度半岛南端，东西方贸易的重要中转站故临（今奎隆）。继续前往波斯湾则必须换上较小的船，凭借着西南季风再向北航行约一个月。由于航返故临还得等待东北季风，再等西南季风返回中国，因此，海上航行的时间虽然不过数月，但加上等候季风的时间，从中国至波斯湾往返一次需时一年半以上。

第五章　天方海舶

　　《岭外代答》记载的新航线往返也需要一年或10个月左右的时间。这条航线的第一段航程与旧航线一样，也是11月从广州或泉州出发，先到苏门答腊南端靠泊。过年后则经乘东北风西行，横越印度洋。只需要经过两个月的顺风航行，便可直抵阿拉伯半岛的南端，一直到亚丁湾，以至东非海岸。货物出手后又装载来自亚丁湾、红海及非洲的货物，乘当年的西南季风返航，同年的八九月间即可回到中国。由于小亚细亚地区的动乱，波斯湾头的商业通道不畅，11世纪、12世纪从亚丁湾经埃及转运货物到地中海，便成了东西航运西段地区的重要通道。

　　赵汝适的《诸蕃志》约成书于1255年，其资料来源一部分是作者对商贾的访求，一部分来自史传及《岭外代答》等书。该书所记海外国家和地区列有专目的共57个，所举外国物产达47种。书中对西亚波斯湾和阿拉伯半岛以及东非索马里、北非埃及、摩洛哥等国家的记载，受到治中西关系史的学者重视，这本书也早就被外国学者译成英文出版。

三、宋代来华的外国人

　　宋代来华的外国人以开封的犹太人和南方广州、泉州的阿拉伯人最为著名。犹太人之入华，至少在唐代已有。敦煌及吐鲁番地区就曾发现8世纪的希伯来文书，当时犹太人定居广州者也不少。宋代开封的犹太人据明清时期《重建清真寺记》等碑记的说法，主要的一批是北宋时从天竺迁徙而来的。他们长期定居下来，过着严格的宗教生活。其教称为"一赐乐业"（Isreal,

今译以色列)、回回古教、天竺教等。这些犹太人原来多是商人、工匠，后来也读儒书，改汉姓，甚至礼孔祭祖，已皈依了中国文化，明清时代甚至出现了科举出身的士人。但其宗教组织至晚清时期因最后一个"掌故"去世才瓦解，他们也逐渐与回族通婚融合。

宋代来华最多的外国人是阿拉伯的"蕃胡"。在海外贸易大港广州与泉州，商贾辐辏，是来华的外商聚居之地。这不仅与大量香料贸易及瓷器外销有关，而且还因为11～12世纪小亚细亚战乱不断，促使不少阿拉伯人来华定居。广州、泉州外商聚居之地称为"蕃坊"，设立蕃长或都蕃长加以管理，人选由宋朝政府从德高望重的蕃客中遴选。元末来中国的阿拉伯人伊本·拔都曾比较详细地描述广州蕃坊的情况说："在这座大城市中有一处是伊斯兰教徒的居住区。这里有清真总寺和分寺，有市场。还有审判和教长各一人。因为在中国各城市都有一位伊斯兰教长以最后定夺有关穆斯林的事情，同时还有一位审判以清理词讼。"由于这些穆斯林长期在华定居，生儿育女，于是又有专门的子弟学校之设，称为"蕃学"。有的"蕃胡"子弟甚至参加科举考试而中进士第。

宋代来华蕃客中颇有一些闻名遐迩的富商大贾，在当时的政治生活中也起了一定作用。如广州的一个名叫辛押施罗的来自阿曼的苏哈尔地区的商人，曾任广州蕃坊的蕃长。他是作为"大食勿巡国"(苏哈尔地区)的"进奉使"来华的。由大文豪苏轼草拟的一份诏书中任命其为"归德将军"(这是专授予外族人的官名)，为的是奖励其进奉方物和热心招引外商来华。苏辙也说辛押陁罗在广州居住了数十年，家资数百万贯。这位豪客甚至愿意出钱修缮广州城垣，只是未被宋王朝采纳。1072年他回国时，宋神宗赐其白马一匹、鞍辔一副。这可以看作是奖励他在中国与阿曼友好往来中作出的贡献。

南宋时泉州港后来居上，泉州也因此有不少富甲天下的外商。其中影响最大的当数宋末的阿拉伯商人蒲寿庚。《宋史》说他"提举泉州舶司，擅蕃舶利者三十年"。后来因打击海盗有功，被授予福建安抚沿海制置使，再授予福建广东招抚使。由于他手上控制着大量海舶，元军南下时他也成为元朝争取的重要对象，入元时官至福建行省左丞。由于泉州阿拉伯人众多，于是又有清真寺的建设。在泉州古伊斯兰教石刻中，有一块立于回历400年即公元1009年的阿拉伯文墓碑，证明还在宋设泉州市舶司前数十年，此处已有阿拉伯人聚居，并建立了高大的清真寺。

四、四大发明的西传

中国古代的四大发明是造纸术、印刷术、火药与指南针，对世界文明作出了重要贡献。此外，诸如茶叶、炼丹术、中医药也是中国文化对人类的独特贡献。本节略述四大发明西传之迹。

纸和造纸术的西传。一般认为东汉和帝时蔡伦发明了造纸，时在公元105年。但考古发现表明西汉已经有纸的使用。蔡伦大概是总结了前人的经验，改进了造纸技术，最早采用树皮、麻头、破布等造纸，是造所谓"褴褛纸"的先驱。中国纸的西传甚早，敦煌及甘肃西部都发现过汉代的原始纸。在古楼兰遗址，在吐鲁番，发现了多种晋代的纸写佛经。可以肯定，至少在7世纪时，中国纸已在乌兹别克的撒马尔罕等地广为使用，在印度则不晚于8世纪。造纸术传入中亚通常认为是在公元751年的怛罗斯战役。当时唐军大败，大食俘获唐朝的造纸工匠。这些工匠在撒马尔罕造纸，带去了中国的造纸术，撒马尔罕从此成为中国境外的造纸中心，在中世纪都名震欧洲。公元794年在大食首都巴格达也办起了纸厂，并聘中国技师指导。再往后造纸厂也相继出现在也门、大马士革等阿拉伯城市，它们都是撒马尔罕纸厂的翻版。9世纪末，中国造纸术也传入埃及，不久便淘汰了当地的纸草。12世纪，造纸术已从北非传到了西班牙与法国，德国的纽伦堡于1391年建造了第一家造纸厂。英国的造纸业还要晚100年。欧洲造纸业发展最快的是意大利，在14世纪中叶，它已成为欧洲的主要生产地。纸的发明与西传对促进欧洲近代文明的发展具有不可估量的意义。

雕版印刷术的西传。中国发明印刷术至少在唐代，具体地说，是在7世纪后期至8世纪上半叶。现在见到的世界上最早的雕版印书是敦煌发现的现藏大英博物馆的《金刚般若波罗密经》，上面标明的印刷年代是咸通九年，即公元868年。雕版印刷术很早就传到了朝鲜与日本，人们现在还能发现公元8世纪朝鲜与日本的佛教印刷品。但是，雕版印刷术西传的过程则要晚得多。1880年人们在埃及某地发掘出的阿拉伯文印刷品，其年代被推断在唐末至元末间。这些印刷品与我国新疆吐鲁番地区发现的回鹘文印刷品颇为相似,而回鹘文印刷品的最早年代是13世纪初。折中起来看,宋元之际很可能由于蒙古人的西征或其他契机,中国的雕版印刷术传到了中亚、西亚,进而传到北非与欧洲。

1294年,伊利汗国曾仿照元朝发行纸币。纸币呈长方形,上书汉文的"钞"字,两边顶上写着"一切非主,唯有真主,穆罕默德,主的使者"。纸币上还书有"世界之王在回历693年(公元1294年)发行这吉利的钞,凡涂毁者与其妻儿同处死刑,财产充公"。伊利汗国这次币制改革虽然没有成功,却是见于记载的中国印刷术第一次在伊朗成功地被使用。14世纪初伊利汗国宰相、史家拉施德丁在《史集》中记录了中国的雕版印刷方法:先把一本有价值的书抄在木板上,再令有学问的人仔细校正,然后叫善于刻字的人把字刻出来。这样全部刻成的木板依次编号后装入封袋内,就像铸币厂的印模一样。谁要这本书,可以向官方支付一定费用,人们就把纸放在板上,像印模铸钱一样印在纸上,交给要书的人。

14世纪末,雕版印刷术应该传到了欧洲。现存最早的欧洲雕版作品是1423年的圣克里斯托弗像。但欧洲使用雕版印刷的时间并不长,1454年德国人谷登堡首次使用活字印刷了拉丁文《圣经》。活字印刷是宋代毕昇在1041~1049年发明的。毕昇用胶泥刻字制板印书,王桢在1313年创制了木活字,王桢本人又提到元初已有人造锡活字。由于蒙元时代中西交往的频繁,很可能14世纪末活字印刷方法已传到欧洲。活字印刷特别是金属活字印刷在欧洲发扬光大后又于15世纪传回中国。

火药制造术的西传。恩格斯说："现在已经毫无疑问地证实了火药是中国经过印度传给阿拉伯人，又由阿拉伯人和火药武器一道经过西班牙传入欧洲。"这里的火药是指由硝、硫和木炭，按比例配制而成的黑色火药。它是唐后期（约9世纪中叶）由炼丹家们发明的，其配方最早见于北宋编的《武经总要》中。虽然中国的炼丹术至迟在唐代后期已传到阿拉伯国家，但火药的西传则是通过蒙古人的战争。

唐末五代火药已用于攻城，宋代火药武器又有了更大的进展。先是用抛石机发射的"火炮"和用弓弩发射的"火箭"，以火药引起燃烧。后来发展成具有爆炸性能的"霹雳炮"和"震天雷"。宋代发明了把火药装在竹管里点燃后烧灼敌人的"火枪""火筒"等。元代则出现了"火铳"。黑龙江阿城区出土的铜火铳，使用年代为1287年，是迄今存世最早的管形武器。

火药的重要原料硝，因色白如雪，味咸如盐，被阿拉伯人称为"中国雪"，波斯人则称为"中国盐"，它是8世纪后随中国炼丹术传入西亚地区的。当时硝只用作药用与矿冶。13世纪中叶蒙古军队西征时使用了火器，促使阿拉伯人对火器的注意，被俘蒙军也把这种火器带了过去。所以阿拉伯人称这些火器为"契丹火枪""契丹火箭"。阿拉伯世界掌握了火器制造技术，进一步发展成性能优良的"马达发"（阿拉伯语意为火器）、"回回炮"一类的新武器，反而传回到中国。

欧洲人是在十字军东征时同阿拉伯人的战争中了解到火药、火器的。13世纪后期欧洲人译述伊斯兰国家的《制敌燃烧火攻书》，是拉丁文中最早讲到火药的材料。13世纪的大学者像罗吉

第五章 天方海舶

尔·培根(1214~1292)等关于火药的论述,可能即来自这本书。从14世纪20年代到40年代西欧国家中的意大利、德国、法国、英国都先后在战争中使用了火药和火器。现存几件欧洲最早的火铳是14世纪80年代和90年代的铁铳与铜铳,形制与传世的中国火铳极为相似,都有前膛、药室、尾銎三个组成部分。只是欧洲人其时的冶炼技术尚落后于中国,其外形较笨拙,射程也不及中国的火铳远。

指南针的西传。尽管中国人对磁石指南性的认识,在战国《韩非子》、东汉王充《论衡》中已有记载,但将它用于航海中的导航,大约是在11世纪末。北宋末年朱彧的《萍洲可谈》是世界上最早记载这件事的著作,书中谈那些往来广州的舟师们懂地理,在海上航行时,"夜则观星,昼则观日,阴晦观指南针"。英国科学史家李约瑟甚至推测在9世纪、10世纪的中国可能就已经在航海中应用指南针了。为了便于在航海中确定方向,为使指南针有固定装置,人们将它置于圆盘内,圆盘上划分刻度,于是又发明了罗盘。

一般来说,欧洲人使用的罗盘导航是从中国传过去的。但是究竟是怎样传到欧洲的,目前还是一个谜。就传播的通道而言,中西文化交流的中间地区是伊斯兰国家和印度。但是,迄今在这个地区都未找到实物或文献证据。从阿拉伯文献提供的材料可知,在13世纪初,阿拉伯海员已经使用罗盘,1230年成书的波斯佚文集《故事大全》,编者穆罕默德·奥菲记载了一个用指南鱼探寻航道的故事。这个故事中的指南鱼与沈括《梦溪笔谈》中的水浮针法有类似之处。1281年,阿拉伯人的《商人宝鉴》问世，书中说从埃及亚历山大城到印度洋的水手都懂得将磁针安置在浮于水面的木片上，用来辨别航向。又说到用磁铁制成鱼形，投入海中，以指南针的头尾指示南北。显然，这些方面都表现出了中国的影响。

第六章

横跨欧亚
蒙古国元朝中西关系的拓展

第六章　横跨欧亚

蒙古帝国及元帝国时期的中西关系具有不同于前代的历史背景。欧洲人对中国的了解从耳闻进入目睹的新阶段。西方商人与教士络绎于途，形成了东西方直接接触的空前热络的局面。造成这种局面的直接因素就是蒙古人的西征和建立起横跨欧亚的大帝国。西方人士把东方见闻报告到欧洲，引起大西洋彼岸人们的无限猜想。从这些报告中我们可以窥见当时西方人观察中国的各种不同角度与文化观点。这时期中国与伊斯兰世界的关系也不同寻常。西域人移居中国内地空前增多，甚至形成了新的民族——回族。中国与阿拉伯国家的科技文化交流也达到了一个新的广度和深度。

一、蒙古人的西征

成吉思汗在统一蒙古高原以后，曾于1219年亲自统率大军出征中亚强国花剌子模。1221年攻陷其首都玉龙杰赤城。不久，成吉思汗返回蒙古，所遣别部哲别、速不台继续向西挺进。蒙军很快进入阿速、钦察所在的地区，钦察首领逃往斡罗斯。当时的斡罗斯分裂成许多小公国，内部矛盾重重，并不能联合起来对付蒙古的入侵。1223年蒙军击破斡罗斯军队，长驱直入，沿黑海进入克里米亚半岛。这是蒙古人的第一次大规模西征。

蒙古人的第二次西征是在窝阔台时期。1227年成吉思汗逝世，窝阔台即位。即位不久他曾派遣过一支西征部队，但是很快被击退。1235年，窝阔台又派拔都和大将速不台等率领大军征服钦察、斡罗斯诸国。13世纪30年代和40年代的西征用兵主要有两个方向：一个是从斡罗斯进入东欧地区，兵锋及于中欧；另一个是重新占领波斯，攻占大阿美尼亚、叙利亚和小阿美尼亚。

在斡罗斯、东欧这一条路线。1237年蒙军消灭摩尔多瓦后，分兵四路征讨斡罗斯，连克莫斯科、弗拉基米尔等城，1240年秋，拔都的军队击破国都乞瓦城。次年蒙古军分两路，分别出击勃烈儿（波兰）和马扎儿（匈牙利）。1241年春夏之交，进攻勃烈儿的蒙古军直入西里西亚地区，甚至乘筏渡过了奥得河（Oder），兵锋直掠德国边境。西里西亚侯亨利（Herry）在里格尼茨（Liegnitz）附近组织波（兰）—西（里西亚）联军、日耳曼十字军和条顿骑士团3万人抵抗，但是蒙古军势不可当，亨利兵败被杀。拜答儿率领的蒙古军队转道马扎儿，与那里的拔都会合。

马扎儿在中世纪晚期是一个大国，北部到斯洛伐克，南抵亚得里亚海。但是自从1222年安德拉什二世（1205~1235年在位）被迫颁布所谓"金玺诏书"后，贵族可以不出封国之外作战，结果加剧了诸侯各自为政的局面。当拔都的军队分三路围攻时，国王贝拉还在布达城同主教和贵族商讨对策。1241年春，蒙军攻入与之一水之隔的首都佩斯城，拔都饮马于多瑙河畔。这年七月，又有蒙古别部挺进到维也纳附近的新城（Neustadt）。奥地利会同波西米亚军队拼死抵抗，击退蒙军。年底，拔都涉水渡过多瑙河，攻克大城格兰（Gran）。欧洲上下一片惊慌。1242年，传来窝阔台死讯，拔都遂率军向东撤退。别部合丹继续追击马扎儿国王贝拉，蒙军经巴尔干半岛进至亚得里亚海，然后取道塞尔维亚，与拔都会师东还。

再说向西亚进军的蒙古部队。1239年，绰马儿罕率蒙古军攻下大阿美尼亚。1241年当进攻东欧的蒙军大战于多瑙河畔之时，继绰马儿罕后领兵的拜住那颜也在西亚鏖兵。1243年，另外一支蒙古军攻入叙利亚。同年小阿美尼亚国王海屯一世遣使到拜住帐下，请求归附。这时攻打欧洲的蒙军已经回撤，第二次西征算是结束了，但是它留给欧洲教俗世界的震惊，使他们常常不寒而栗。

13世纪50年代，蒙古人发动了第三次西征。这次出征的重点是西亚的阿拉伯国家。蒙哥汗命同母弟旭烈兀为西征统帅。1252年先锋怯的不花领一万二千兵马先行。1256年蒙军灭伊斯兰教的木剌夷国。1258年攻陷巴格达，灭阿拔斯朝，即中国史书上所谓黑衣大食。次年蒙军兵分三路进攻叙利亚。

由于旭烈兀的妻子脱古斯可敦（克烈部人）和先锋怯的不花（乃蛮部人）都是聂思托里教徒，巴格达城陷时，基督教徒受到保护。安都公国的博西蒙六世（Bohemond VI）因此也追随岳父海屯一世后与蒙古人结盟，并且率军参加了进攻叙利亚的战争。1260年元月下阿勒颇城。海屯纵火烧了城中的礼拜寺，而基督教堂则受到保护。叙利亚其余城市望风而降。蒙军扎营于大马士革。这时蒙哥在四川钓鱼城下身亡的消息传来，旭烈兀遂急忙回师，留下怯的不花继续掠定巴基斯坦诸地。当时捍卫伊斯兰教的唯一堡垒只剩下埃及。怯的不花派人到开罗城喻降。埃及愤然杀死蒙古使者，进兵救援巴基斯坦。是年九月，双方交战，蒙军先获小胜，然后惨败，终至全军覆没。

忽必烈即位后，把重心放在夺取和巩固在中国腹地的统治上，对西北诸王的统治削弱，钦察、察哈尔等汗国也都忙于巩固各自的政权，再也无力发动大规模的西征了。它们在名义上仍然尊重建都北京的元朝皇帝为大汗。于是，一条横贯亚洲和欧洲的陆上通道畅通无阻地建立了，为13世纪后半叶到14世纪晚期的中西交通提供了空前未有的便利条件。

二、欧洲的反应及其与东方的关系

公元962年，德意志国王、萨克森王朝的奥托一世在罗马被教皇加冕为皇帝（962~973年在位）。1157年帝国称为"神圣罗马帝国"，极盛时拥有近代的德国、奥地利、意大利北部与中部、捷克、瑞士、荷兰和法国东部等地。霍亨施陶芬王朝（Hohenstaufen，1138~1254）时期，一方面中央权力逐渐衰落，诸侯坐大，帝国皇帝必须由12世纪末形成的七个候选帝选出；另一方面皇帝与教皇之间的矛盾有增无减。1254年，德皇腓特

第六章　横跨欧亚

烈二世之子康拉德四世在同罗马教廷的战争中死去。此后竟出现了30年的"空位时期"。

早在13世纪初，成吉思汗活跃在蒙古高原和第一次西征时，聂思托里派的基督教徒就向该教派的中心叙利亚报告过这位一代天骄的英雄事迹。由于蒙古军中的克烈部和乃蛮部多信奉景教（聂思托里派基督教），所以有消息说，为大汗服务的基督教士颇受重视。1220年来自叙利亚和来自匈牙利的基督教徒在给罗马的信中，虽然数落了蒙古人的铁蹄蹂躏西亚时残暴不仁、滥杀无辜，但是并不认为对基督教世界有什么危害。在蒙古人建立起大帝国，甚至在伏尔加河流域驰骋时，西方教俗世界正闹得不可开交，也没有感到对他们有何威胁。拔都第二次西征，饮马多瑙河，马扎儿国王贝拉求助于德皇和教皇，此时双方正互相攻讦，竟没有援之以手。1241年4月9日，蒙军在里格尼茨大败波西联军，这时的西方世界才如梦方醒，发觉从天而降的大火近在咫尺。

教皇格里高利九世（Gergor Ⅸ）急忙呼吁组织一支十字军抵御蒙古人。直接受到冲击的德国也仓促集合起了一支武装，并寻求法国和英国的支持。皇帝向英王亨利二世（Henry Ⅱ）和法王路易九世（Louis Ⅸ）抱怨说，本来用来对付伊斯兰教的十字军却被教皇用来进攻神圣罗马帝国，所以鼓励了鞑靼人进攻分裂的基督教世界。但是罗马方面则怀疑一直与自己作对的德国皇帝腓特烈二世（Friedrich Ⅱ）引狼入室，暗中与鞑靼人结成秘密联盟。所以，如果不是蒙古人因为大汗死讯抽兵东撤，分崩离析的西欧在蒙古人的铁蹄前恐怕还要惊惶一阵子。

93

1245年，新即位的教皇英诺森四世首先派出了两名方济各会士劳伦斯和柏朗嘉宾出使蒙古，以探听虚实。

在柏朗嘉宾出发不久，欧洲宗教联席会议在里昂作出决定，要在基督教世界的国际联盟范围内争取蒙古人支持西方对伊斯兰教世界的斗争。1248年，法王路易九世前往地中海东部地区，亲自主持对埃及的战争。1249年，路易九世派遣使者前往汗八里拜见大汗。蒙哥汗以恩人自居，把他看成是前来献送贡礼的。法王使者回去后写的报道想象的成分居多，他和其他多明我会士报道了蒙古王公改宗基督教的情况，它给人的印象是，似乎聂思托里派传教士的理论已经被蒙古朝廷接受了。这一误导促使法王于1253年再次派遣方济各派教士鲁布鲁克出使蒙古汗廷。但是这一次使者的身份不是官方外交使节，而是作为一名传教士。罗马教会出使蒙古不仅是一种外交手段，也是教会政治与传教政策的要求。因为对远东的关注也迎合了多明我和方济各教团的愿望。他们狂热地企图使那些异端都皈依到基督教的十字架之下。蒙古人的第三次西征，摧毁了巴格达和叙利亚，在基督教世界赢得一片喝彩声。他们坚信蒙古人乃伊斯兰教的天敌，是上帝的意志给这些异端以灭顶之灾的。蒙古人在小亚细亚作战时，基督教教士与之颇有接触。蒙古人停止西征后，基督教的势力和影响在蒙元时代有所增长，马可·波罗的叔父和父亲曾经向罗马教廷传递过大汗的书信。特别是阿鲁浑派遣的列班·扫马使团于1286年出使欧洲后，教廷与蒙古的关系显得密切起来。最重要的事件是1292～1294年蒙特科维诺到达北京，并且在那里设立了大主教区。

第六章　横跨欧亚

像所有其他教士的东行一样，蒙特科维诺的旅行也有商人和许多对东方有兴趣的人陪同。早在1224年热那亚就建立了印度贸易促进协会（东方贸易促进会），反映了当时东西商贸关系的发展。蒙特科维诺曾提到他在北京的教堂用地是一个西方商人购得，泉州主教安德烈在1326年的信中提到他的教区的热那亚商人，马黎诺里曾说起泉州热那亚商人的海外货栈，鄂多立克说到广州的许多商行。但是除马可·波罗外，很少有商人留下他们在东方活动的报告。

虽然马可·波罗并不是第一个向西方报道中国的欧洲人，但是他却是真正在中国生活过的欧洲人中最早报道亲身见闻的人。这得益于忽必烈的迁都北京。因为在此以前，西方旅行者的目的并不是中国，而是大汗本人及其驻跸之所。14世纪中叶，元朝已经在走下坡路，而这时正是旅行者东游最热络的时候。鄂多立克、马黎诺里等都是这个时期访问中国的。14世纪20~50年代西方与中国的经济关系也达到了高潮。然而，当旅行家们向西方描述一个繁荣稳定的帝国时，中国的经济、社会、民族诸矛盾已经十分尖锐，白莲教和红巾军的起义正如火如荼地在全国各地蔓延。

三、西方旅行者眼中的中国

13世纪和14世纪西方旅行者的东方旅行报告，从时间上可以马可·波罗为界，分成出使蒙古的报告和访问中国内地的报告两部分。

(一)出使蒙古的报告

柏朗嘉宾于1245~1247年访问蒙古的报告是西方世界第一份关于远东地区的文字记载。全文除引言外分成九章,内容如下。

第一章:他们所在的方位、资源和气候条件。

第二章:他们的服装、住宅、财产和婚姻。

第三章:他们崇拜的神,他们认为是罪恶的事,占卜术、涤除罪恶和殡葬礼仪。

第四章:他们的性格、风俗习惯和食物等。

第五章:鞑靼帝国及其首领的起源,皇帝与王公的权力。

第六章:关于战争,他们军队的结构和武器,他们在作战中的计谋,对待战俘的残酷,攻夺城堡的方法和对降敌的背信弃义。

第七章:他们怎么媾和,他们所征服地区的名字和他们实行的暴政,曾经勇敢抵抗他们的地区。

第八章:怎样同他们作战,他们的意图是什么,他们的武器和部队组织,如何在交战中防范他们的计谋,要塞和城市的防御设施,怎样对待鞑靼人俘虏。

第九章:鞑靼人的省份以及我们所经过的那些地区,我们遇见的证人,鞑靼皇帝和诸王的宫廷。

由上可见,柏朗嘉宾的报告力图全面介绍蒙古人各方面的情况,而以摸清对方的战争实力、作战特点、武器装备等为重点。所以他的出使,军事目的远重于传教目的。关于中国内地的情况,只是在第五章介绍帝国的起源时提到"大契丹",记事

第六章　横跨欧亚

涉及蒙古与金朝的激烈战争，还说："他们尚未征服契丹的另外半壁江山，因为它在海上。"这显然是指南宋朝廷。接下来他又专门用一节描述了"契丹人"：契丹人都是异教徒，他们拥有自己的特殊字母，似乎也有《新约》和《旧约》，同时也有神徒传、隐修士和修建得如同教堂一般的房舍，他们经常在其中进行祈祷。他们也声称拥有自己的圣人，崇拜唯一的一尊神，敬重我主耶稣，信仰永恒的生命，却从不举行任何洗礼。他们敬重和崇拜《圣经》，爱戴基督徒，经常大量施舍。他们表现为通融之士和近乎人情。他们不长胡须，面庞形状非常容易使人联想到蒙古的形貌，却没有后者那样宽阔。他们所操的语言也甚为独特。世界上人们所习惯从事的各行业中再也找不出比他们更为娴熟的精工巧匠了。他们的国家盛产小麦、果酒、黄金、丝绸和人类的本性所需要的一切。

法国著名汉学家韩百诗盛赞"柏朗嘉宾对契丹人所作的描述在欧洲人中是破天荒的第一次"。认为他也是第一个介绍中国语言文献的欧洲人，对汉人的形体也作了相当清楚的描述。

鲁布鲁克在1253～1255年访问蒙古之前就阅读过柏朗嘉宾的报告，做过充分的准备。鲁布鲁克的报告共分38章。虽然他也像柏朗嘉宾那样企图全面报告蒙古人的情况，但是重点并不在军事方面，而是在蒙古人的风俗习惯和宗教信仰方面，他也关注在大汗汗廷周围的那些人。例如，他列专章介绍聂思托里教徒及其寺庙（第24章）、介绍和尚的寺庙和偶像（第25章）、介绍他参加宗教论战的情况（第33章）。关于中国内地的情况鲁布鲁克也介绍了"大契丹"，他写道：还有"大契丹"，我认为其民族就是古代的赛里斯人（Serer）。他们生产最好的丝绸（该民族把它称为丝），而他们是从他们的一座城市得到丝人之名。有人告诉我说，该地区有一个城市，城墙是银子筑成的，城楼是金子。该国土内有许多省，大部分还没有臣服于蒙古人，他们和印度之间隔着海洋。这些契丹人身材矮小，他们说话中发强鼻音。而且和所有的东方人一样，长着小眼睛。他们是各种工艺的能工巧匠，他们的医师很熟悉草药的性能，熟练地按脉诊断……他们有很多人在哈剌和林，按他们的习惯做法，子承父业。因此他们要交纳巨额赋税，他们每天交给蒙古人……15000马克（重的银锭），还不算蒙古人向他们征收的丝绢和粮食，以及强加给他们的其他劳役。

鲁布鲁克在这里第一次准确地把契丹人和"古代的赛里斯人"联系在一起。他还提到了中医和中草药，对汉人形体的描述和蒙古人奴役内地掠来的工匠的介绍也很具体。很可能他亲眼看见过那些在哈剌和林劳作的汉人。

（二）《马可·波罗游记》

马可·波罗（1254~1324?）于1271年前往中国，1291年从海路离华，在中国生活了近20年。关于他的游记的来源，有不同的说法，比较流行的一种看法是1298年他回到威尼斯后，在家乡与热那亚的战争中被俘，在狱中他让同室难友、通俗小说家鲁思梯谦笔录了他在东方的见闻。

《马可·波罗游记》告诉了西方关于中国的一些什么呢？据统计，全书大约有23%讲的是契丹和"蛮子省"（指南宋地区）的事。27%是唐古特（党项）和上都地区。就关于中国内地的记载来看，谈得最多的是历史、经济、道路走向、一般礼俗、商业和地形地貌，也有少量关于宗教礼俗、政治关系和动物的介绍；但是最为突出的描述则集中在经济、商业、道路走向和地形上，反映了作者作为商人的主要兴趣所在。

关于历史的部分主要是讲大汗个人的征战，对南宋的征服。经济部分以描述契丹和"蛮子"地区的矿产和农业、手工业产品为主。他提到的物产有金银、宝石、珍珠、盐、稻米、谷物、大黄、姜、糖、香料，此外还有武器、瓷器以及纺织品的生产制作。他第一次令西方惊诧莫名地报道了"大汗用树皮所造之纸币通行全国"，像金银一样支付军饷。他高度赞扬"蛮子"居民的工艺和经商才能。使马可·波罗感兴趣的还有运输道路、运输工具以及物价和关津。使臣驿站的快捷与规模，中国南部那些宏大而美丽的城市与港口，有着舟楫之利的广阔的水域系统，都令他称羡不已。在民风习俗方面，他称赞行在（杭州）的居民"面白形美，男妇皆然"。敦好礼仪，相处和睦，但是他对于那些足以使读者惊奇的古怪东西，似乎远远比一般的民俗更乐于介绍，比如某地妇女生小孩子后，丈夫坐月子之类。他提到中国人的娱乐活动有打猎，注意到他们是如何热衷于占星术的。

在地形地貌方面，除提到长江和运河等外，城市的建筑物有桥梁、宫殿、寺庙和塔楼。他尤其津津乐道地介绍了行在（杭州）城市的地理、建筑和湖光景色，赞叹宏伟的宫殿和富丽堂皇的装饰，但很少注意建筑技术和特点。在道路走向上，他记载了从一地出发和到达另一地的时间，大致的距离和方向，他

99

还说杭州的"一切道路皆铺石砖，蛮子省的一切道路皆然"。

宗教归属不是影响马可·波罗判断的重要因素，当地居民对外来商人的态度则是影响其评价的重要原因。他很少强调外族文化和自己的文化的不同性，甚至连描述当地居民的外貌也十分罕见。与后来的16世纪、17世纪的欧洲人相比，他似乎更看重各种文化的相似性，不同的是食品和鸟类世界，他说这些是不同于"我们的"，但是，这个"我们"的文化形态上的背景是什么，并不是很清楚。

（三）《鄂多立克东游录》

与马可·波罗齐名的另一位到过中国的中世纪世界大旅行家是鄂多立克。他于1318年开始东游，1321年到达印度，1322~1328年在中国旅行。1330年5月他口述了数月前才结束的亚洲之行。按照全文的长短，其中关于中国即契丹和"蛮子省"的叙述约占34%。

鄂多立克对中国的描述比其他地方更多地偏重于政治方面，但是他让大家把眼光集中在大汗的形象上，他不厌其详地叙述朝廷的集会，朝参的秩序，觐见皇帝的场面，军队和狩猎，驿站的快捷等。他说这个帝国的行政区划为12个省，"蛮子省"有2000个城市，这还不包括5000个岛屿在内。许多描述都直接或间接与大汗有关。但是，鄂多立克笔下的大汗，乃是抽象的统治者的形象，而不是像马可·波罗那样有名有姓的具体人物。

鄂多立克对地貌的描述也有一部分与统治者有关系，他介绍宫廷建筑的装饰壮丽辉煌，反映了主人的财富和权力。关于地貌的另一部分是对城市的介绍，他对其他任何地区都没有像对中国那样频繁地，有时甚至是比较琐细地介绍城市，中国城市的宏大、美丽和众多的居民给他留下了深刻的印象，使他惊叹不已。

对于经济和民俗方面作者也有介绍，如一些基本的食品和特产，奇特的捕鱼方式等，相反宗教礼俗的介绍则只是某种陪衬，尽管他是一名勇敢的方济各修士。

有人统计鄂多立克在他的报告中使用了58次的评价性词汇，在对人和环境的评价中，以对契丹和"蛮子省"的正面评价最多。从内容上看，首先是针对风光景色，其次是城市、财富方面，他赞扬中国"蛮子省"的男人"英俊"，女人"是世界上最美者"。像马可·波罗一样，作者称赞建筑物只是注意其外表和装潢，很少评价其建筑技术和风格。作者有时也作出比较，并且直接把东方和西方联系起来，但最多的比较只是度量数据的转换。少数情况下，他也用家乡的城市来与远东的城市作比较，他赞叹广州有如此众多的船只，"整个意大利的船只都没有这一城市的船只多"；赞叹杭州城是世界上最大的城市，"确实大到我不敢谈它，若不是我在威尼斯遇见很多曾经到过那里的人"；他还说南京城里竟然有360座石桥，"比全世界上的都要好"。总之，在比较中鄂多立克强调的是东方文化与其本身文化的相似性，有时东方文化还有优越的地方。

（四）《马黎诺里游记》

马黎诺里也是中世纪旅行中国的一位意大利人，大约于1355~1359年在远东旅行。他的游记关于中国内地的叙述基本限于杭州、泉州，即所谓"蛮子国"。他说："蛮子国"疆域广大,城邑无数,非亲历其境的人是难以置信的。他还证实过去旅行者所记杭州有石桥一万,饰以雕塑和画像,"读之皆以为不经之谈,然其所言者,皆确实事情也"。但是,《马黎诺里游记》记述的重点是印度,他对"蛮子"的地理方位并不清楚,他说这个地方古时的名字叫"大印度"。他是否把契丹看成一个独立的地理政治实体,是否知道它同"蛮子"的密切关系,也并不清楚。

四、元代与伊斯兰文化

元代中国与中亚、西亚及南亚的关系也有新的发展。元世祖忽必烈曾三次派杨庭璧出使印度;周达观奉使真腊(柬埔寨)留下了《真腊风土记》。私人出海西行的以汪大渊的《岛夷志略》最为著名。他20岁起曾两次随商船出海,到达东西洋(包括南洋)各地。其游记列举了经过的国家与地区近百个,据今人研究,其中有伊朗霍尔木兹岛等地,伊拉克的巴士拉、摩苏尔等地,南也门的亚丁,沙特阿拉伯的麦加,埃及的库赛尔,肯尼亚的马林迪,以及坦桑尼亚和莫桑比克等。也就是说,他访问了从波斯湾到红海及东非海岸地区。

元代与伊斯兰世界的特殊政治联系,以及中外交通的发达,为其时的中西文化交流,特别是与阿拉伯世界的文化交流提供了空前便利的条件。

自公元8世纪阿拔斯王朝建立后,阿拉伯人经历了一个相当长时期的经济文化繁荣时期。他们一方面大量翻译希腊古典

第六章 横跨欧亚

著作；另一方面广泛吸收东方文明，并结合自己的特点作出了许多新贡献，形成了新的高度发达的阿拉伯文化。蒙古大帝国建立后，在中亚、西亚通行的波斯语与阿拉伯语也成为中国元朝官方传授的语言。1289年元朝成立了回回国子学，由穆斯林学者担任回回学士，必修课目有亦思替非文字，亦即回回文。元代的回回一般来自中亚、印度和阿拉伯的各族伊斯兰教徒，回回文亦即伊斯兰文字。伊斯兰文字主要有阿拉伯文和波斯文，而元代官方教习的回回文则是波斯文，因为它是入华回回人的主要语言，而且为当时欧亚大陆之间广大地区所通用。毫无疑问，回回文的教习有利于伊斯兰文化在华传播。

元代仿前朝典制于世祖至元九年（1272年）设立秘书监。据元末《秘书监志》卷7"回回书籍"条的记载，1273年北司天台（天文机构）申报的回回藏书有22种，其内容涉及天文、历算、地理、历史、医学、文学、相学、机械学、点金术和占卜学等许多方面。根据对这些书籍的汉字音译的研究，可知它们都是用波斯语写成的，其中颇有一些在世界文化史上也堪称重要的著作。如伊朗大科学家徒昔校订欧几里得《几何原本》的著作、古希腊天文学家托勒密的天文学著作的回回文译本等。这些可以从一个侧面反映出当时伊斯兰文化传入中国的深度与广度。

元代中国与伊斯兰世界文化交流的主要内容有以下几个方面。

天文历法方面。元代天文机构中有专门的回回司天台。波斯人札马剌丁、叙利亚人爱薛都被忽必烈委以主持天文历法工作的重任，札马剌丁奉命编制第一部官方许可并在一定范围内使用的回回历，称为"万年历"。元代回回司天机构的人员后来仍为明朝所用。札马剌丁还在北京建立了观象台，制造了七种天文、地理仪器，即浑天仪、天球仪、地球仪、方位仪、叙纬仪、平纬仪、观象仪。这些仪器反映了当时伊斯兰科技发展的水平，它改进了中国人的天文观测手段，促进了元代天文学的进步。爱薛具有多方面的才能，他长期掌管星历、医药方面事务。在星历方面，他曾多次到伊利汗设在马拉格的天文台工作，向中国同行介绍希腊和阿拉伯的天文学成就。郭守敬奉命编制《授时历》，就参考了回回历本《积尺诸家历》，吸收了回回历五星纬度计算周密的优点。郭守敬还受到马拉格天文台的启发，开始在观测恒星时编制星表，并且模仿马拉格天文台的仪器，改革和重新设计了13种天文仪器。

数学方面。欧几里得的《几何原理》通过阿拉伯学者的介绍而出现在中国数学书中。著名数学家秦九韶（1202？~1261？）就很可能从阿拉伯数学受到启发，在《数书九章》中提出的一些数论问题与欧几里得算法一致。许多中国学者开始在其著作中采用带"0"符号的数码，阿拉伯数码字也在中国流传，可能是受到侨居中国的穆斯林的影响。球面三角法应用于天文计算在古希腊时已然如此，后又为印度和阿拉伯的学者所继承。元代设在今北京的回回司天台也运用这种方法计算历象。爱薛在介绍马拉格天文台算学方法方面功不可没。如出身摩洛哥的数学家哈察·马拉喀什著有《允解算法》（1229年），运用三角法、图解法和日晷仪等数学和实验方法阐释天象，是中世纪实用天

第六章　横跨欧亚

文学的名著，由于爱薛的介绍，为郭守敬在计算黄道积度和黄赤道内外度时所吸取。

医药学方面。元代有专门掌管回回医药的机构，初名西域医药司，后改广惠司，由爱薛负责。爱薛还一度创建京师医药院，它是一所阿拉伯式医院，后并入广惠司。广惠司既制作宫廷用的回回药物，又为在大都的穆斯林等外籍人士提供医疗服务。在那里工作的都是回回医生。回回医生的外科手术高明，享有盛誉，回回药物也很灵验。元代太医院曾有回回药方院和回回药物局，后来也合并到广惠司。回回药已流行民间，许多来华经商的穆斯林也经营回回药物。杭州还有一埃及富商开办了阿拉伯医院。回回药典在元代也有中译本，元末曾有人将《回回药方》从阿拉伯文译成汉文，现北京图书馆还保存有四册明初木刻本。该书搜罗回回药方甚为广博，有医学百科全书之誉。

中国的医药学成就也为伊斯兰世界所进一步认识。唐代孙思邈的《千金要方》在元代被译成波斯文。以《史集》闻名于世的伊朗史学家拉施德丁（1247~1318）曾编译过一本《伊利汗的中国医学宝藏》。其中介绍了契丹（中国北方）人的医学理论与实践，在伊朗及其他地方所使用的中医疗法，中医里的蒙古药物等。书中还介绍了王叔和的名著《脉经》，介绍了针灸、艾灸等。

艺术方面。元大都的建设采用了许多阿拉伯的建筑技术，而各地的清真寺和穆斯林墓葬也是集中表现阿拉伯建筑艺术的地方。泉州在元代至少有6座清真寺，其中的许多伊斯兰教石刻是研究中西文化关系的珍贵资料。此外，北京、广州、宁波、扬州、西安、昆明、杭州等地在元代都有清真寺。杭州城东的真教寺，据记载为埃及富商阿老丁所建，坐落在当时伊斯兰街坊之中，宏伟高大，俨然西方伊斯兰教建筑风格。而中国的陶瓷、丝织品上的绘画艺术也广泛地影响到伊利汗国时期伊朗的艺术。一些波斯画家学习绘制中国水墨画，中国式图案开始大量出现在伊朗人的壁画与器皿上。

第七章

时代的变奏
明代中西文化关系的转折

第七章 时代的变奏

明代的中西关系以1557年葡萄牙占据澳门为界,可以划分为前后两个时期。前一时期,除了陈诚出使哈烈和郑和七下西洋,明朝与周边国家的关系基本上维持在朝贡和册封的有限交往上。后一时期,即15世纪以来,由于新航路的发现,欧洲商业殖民势力及传教士东来,中西关系出现了巨大的变局,葡萄牙、荷兰、英国等殖民势力相继叩关,中国与欧洲的关系便成为中西关系的主要内容。

一、郑和下西洋

明朝初年,陆路与西方的关系出现了新的变化。在中亚,自称成吉思汗后裔的帖木儿在察合台汗国西部崛起,建立起新的汗国(1370~1570)。帖木儿崇尚军事征服,洪武时期虽然向明朝派遣过若干次使节,但双方的政治关系并不怎么热络,只是汗国与北京之间的驿站依然存在,双方的商贸关系依然活跃。据15世纪出使帖木儿汗国的西班牙人克拉维约(?~1412)的

《东使记》,撒马尔罕至汗八里(北京)的行程为6个月;他说有大商队自中国境内运货物而来,货物有精美的丝织品,以及产自和田的宝玉、玛瑙与珠宝。《明史》及《明实录》中也记载了中国使臣出使哈烈的事实。

帖木儿死后,其幼子沙哈鲁经过多年征战,方才登位。沙哈鲁占领伊朗、中亚及阿富汗地区,以哈烈(今阿富汗的赫拉特)为首都,明朝称之为哈烈国。沙哈鲁奉行对华友好的政策,与明朝关系大为改善。明朝曾派吏部员外郎陈诚三次出使西域。他返回后留下了《西域行程记》和《西域番国志》二书。《西域行程记》为日记体,按日记程,兼及沿途风俗、地貌和天气。《西域番国志》按国别、地区记载了哈烈、撒马尔罕等葱岭东西十几个国家和地区的情况,以对哈烈的记载最详。

在海路上,郑和下西洋是明前期中外关系中最辉煌的事件。郑和下西洋的背景当然与永乐帝宣扬国威、怀柔远邦和追寻建文帝下落等具体历史原因有关,但是唐宋以来中国远洋航运事业的发展,宋元以后中国航海技术、造船水平的极大提高,也为15世纪初叶的大规模航海活动提供了基本的前提条件。

所谓下西洋,元明时代一般以婆罗洲为界,以东为东洋,以西为西洋,与明末耶稣会士东来后,西洋专指西欧或欧美国家不同。郑和(1371~1435),本姓马,小字三宝,云南昆明人。他在明初入宫为太监,随燕王朱棣起兵"靖难",因功而被赐姓郑。郑和的父亲和祖父都是伊斯兰教徒,并且朝拜过麦加,所以他自幼便对海洋情况有所了解。1405~1433年,前后近30年时间内,他七率大明宝船远洋航行。前三次所到的地区主要限

第七章　时代的变奏

于东南亚及南亚一带，航行至印度半岛南端的古里便返航。一般是在冬季起航，夏季返航。目的是乘冬春季的东北信风西行，然后利用夏秋季的西南信风返航。郑和第一次出航的船队有船舶62艘，船长44丈、宽18丈，随行士卒27800人。前三次主要经过的国家与地区有占城、暹罗、旧港、满剌加、苏门答腊、爪哇、锡兰等地。

郑和下西洋的后期，即第四、第五、第六次航行最远到达阿拉伯半岛和非洲东海岸。这是因为郑和积累了更丰富的航海经验，而且熟悉了西行的海道。第四次航行，郑和特地聘请了懂阿拉伯语的掌教同行，并且礼拜了他父、祖曾去过的天方（麦加）。明成祖死后，仁宗即位，下西洋行动告终。至宣宗即位，郑和又奉命下西洋。第七次也是最后一次，郑和的船队再次到达麦加，历经20多个国家和地区，郑和本人已是60多岁的高龄，最后病死在古里的宝船上。

郑和下西洋实质上是外交活动。虽然船队也进行一些物品交换活动，但外贸显然不是下西洋活动的初衷。明成祖在御制《南京弘仁普济天妃宫碑》中称下西洋的目的在于"宣教化与海外诸番国，导以礼仪，变其夷习"。字里行间虽然浸透了天朝上国的语气，但这种活动起到了加强中国与亚非各国的友好往来及文化交流的作用。

在郑和下西洋的近30年间，中国与海外各国的使节往还频繁，每次郑和出使归来，都有许多国家的使节来朝，有些还是王子、王妃和国王之类贵宾。郑和下西洋扩大了中国人对海外世界的认识，带动了不少中国人到南洋谋生和开发。郑和的船队所到之处，为当地人民带去了中国精美丝绸、茶叶、瓷器、铁器和金银器皿，并带回当地的物产。郑和还在南洋各地筑碑留迹，在斯里兰卡南海岸有一处郑和留下的碑文，由汉文、泰米尔文、波斯文三种文字组成，它称颂佛陀、印度的保护神及伊斯兰教的真主，把中国人对宗教的宽容精神也远播于海外。

郑和下西洋是中国航海史上的伟业，也是人类航海史上的壮举。郑和留下的航海记录《郑和航海图》和航海实践总结《针位编》，是我国远洋航行的珍贵史料。其随从人员马欢著《瀛涯胜览》、费信著《星槎胜览》、巩珍著《西洋番国志》等，成为我们了解15世纪以前西洋各国风土人情的丰富资料。现存《自宝船厂开船从龙江关出水直抵外国诸番国》记有亚非诸国地名300余个，远远超过了元人汪大渊的《岛夷志略》，在航海史及制图学方面均有重要意义。

郑和下西洋所率船队的各种船只，是明朝专门开设宝船厂制造的。著名的造船地点有南京的龙江船厂，苏州的刘家港（郑和第一次下西洋的出发地）和浙江、福建等地的船厂。宝船的载重量达1500吨，超过15世纪、16世纪威尼斯、热那亚造的大帆船的吨位。青花瓷是元代以来所出口瓷器之一。因其采用进口原料回青呈色，因而它本身便是中外交流的象征。郑和下西洋的时代，青花瓷的制造已经注意适应海外及亚非各国消费者的喜好，从装饰图案、式样风格到铭文都为打开国外市场而带有伊斯兰国家风格。有的伊斯兰式把杯模仿8世纪中东式样，有的伊斯兰式执壶与高足杯刻有波斯文铭文等，其实产地都是中国。

二、新航路的开辟与欧洲殖民势力的东来

郑和下西洋只是明朝前期对外关系史中昙花一现的积极开拓。明代厉行海禁的政策基本上被坚持下来。而在陆路，由于沙哈鲁汗国内争不断，中亚关系难有大的展开。再往西，土耳其的奥斯曼帝国兴起后在小亚细亚建国，以后不断蚕食拜占庭，并终于在1453年攻破君士坦丁堡，并改名为伊斯坦布尔，拜占庭亡。随后在1517年、1529年，奥斯曼帝国的军队先后攻克开罗和维也纳，建立了跨越亚非欧的大国。奥斯曼帝国横亘于亚欧大陆之间，阻隔了东西方的陆上联络通道和传统的海上路线。而经过埃及和红海或由两河流域进入波斯湾的商路又为阿拉伯人所垄断，于是开辟一条新的航线便成为15世纪以来东西方直接交往的关键所在。

15世纪、16世纪的西欧正处于资本积累时期。自《马可·波罗游记》问世以来，西方人垂涎于中国与印度的富庶，企图获得更多的东方财富，由于欧洲市场的香料生意几为威尼斯人的居间贸易所垄断，而钱荒问题的困扰也促使欧洲人到海外去寻求新的黄金资源。这时期的地理学成就足以使欧洲人相信地球是圆的，只要由欧洲西海岸一直向西航行，最终会到达印度洋海面。最初进行海洋探险的主要是西班牙人与葡萄牙人。西班牙人横跨大西洋西行，于是有哥伦布奉西班牙国王之命，携带着致中国皇帝的国书和一部《马可·波罗游记》，于1492年

"发现"美洲，并误认为是到了印度与中国。葡萄牙人则沿着西非海岸南行，于1487年到达了非洲南端的海角，约翰二世把它命名为"好望角"，意思是充满希望的海角。1498年达·伽马成功地绕过了好望角驶入印度洋，并于1499年满载胡椒及其他物品回到了里斯本。从此，便翻开了中西关系史的新篇章。

葡萄牙人开始极力隐瞒新航道的消息，从16世纪逐步开始在通往印度洋的通道上建立武装据点和商站，确立在印度洋及南洋地区的霸权地位。1510年，葡萄牙人占领了印度西海岸的果阿，次年攻占了马来半岛西南岸的马六甲，即明朝的藩属国满剌加。进而在科伦坡、苏门答腊、爪哇以及摩鹿加群岛（今印度尼西亚的马鲁古群岛）等地建立商站。1514年，葡萄牙人已在广东沿海一带进行贸易活动。1517年，葡萄牙人派驻马六甲的总督安德拉德和葡王使臣皮雷斯（Tome Pires）率领船队到达广东的屯门岛。当时明朝人称葡萄牙为佛朗机，不在法定的朝贡国内。对于远方的不速之客，明朝官吏并不欢迎。后来皮雷斯疏通关节，获准进京。由于北京城里政治变动，皮雷斯被遣返广州，其译员因行为不法而被处死。佛朗机也被逐出屯门岛。此后葡萄牙人又曾率领船队前来寻求通商，均为广东官员所拒绝。

葡萄牙人遂转而往闽浙等地从事海上走私活动。及再被驱逐后，葡萄牙人又转而来到广东，并且在澳门获得互市的许可。1553年，葡萄牙人以货物被风浪打湿为由，要求借澳门海滩晾晒货物。大约在1557年，他们又买通当地官吏在澳门盖起房屋定居。后来葡萄牙人要求派使臣赴北京进贡，"自称葡都丽家"（Portugal），明廷认为南番国中向无此名，予以拒绝。但是葡萄牙人却以澳门为据点，逐渐扩展了自己的势力。大约在1572年，葡萄牙人开始向明朝政府交纳每年500两的租金，至此，明政府等于正式承认了他们对澳门的租居权。葡萄牙在这里设立议事局、司法官，扩建教堂，将其建设成为一个西方式的城市。

由于罗马教廷赋予葡萄牙人以远东保教权，天主教传教士到远东传教都要从里斯本搭船，而到东方后又都以澳门为前站，或在此学习中国的语言与文化，从而使澳门逐渐成为明清之际中西文化交流的一个重要窗口。

继葡萄牙人而来的是西班牙人和荷兰人。西班牙在16世纪中叶征服吕宋（菲律宾）后，也曾派人到福建叩关。尽管其使节每到一地都拜会当地官府，行中国式的跪拜之礼，当地人员也以礼回报，但仍然没有获得通商许可。继之，西班牙人以武力谋求在广东通商，也遭失败。1622年，他们出兵台湾，先后占领了基隆、淡水，1642年被荷兰人击败。荷兰人的商船于1601年首次抵达中国。在广东没有达到通商的目的，转而侵占澎湖，并与西班牙人展开了对台湾的争夺。结果以荷兰人获胜而告终。直到1661年，郑成功将荷兰侵略者驱逐出台湾。

三、16世纪欧洲关于中国的知识

欧洲16世纪对于中国的大量报道是与地理大发现和东方航道的开通联系在一起的，而这些一开始是葡萄牙人垄断的事业。

葡萄牙王室及其意大利合作者企图垄断东方的知识。他们严格书刊检查制度，防止泄露他们在东方殖民地的机密。因此最初对远东的开拓是在一种秘密的情况下进行的。但是，长期的守密，一方面很难做到；另一方面违背了扩大商品销售的利益，不符合教会的传教政策。结果，西班牙、荷兰和后来居上的英国等竞争对手竞相攫取关于远东的情报，使它在16世纪末传遍了整个欧洲。

1502年，在里斯本出版了16世纪第一部大型旅行报告汇编。该书收入的《马可·波罗游记》是一个带有评注和解释的版本。在引言中，编者把通往印度的航道的发现归结为不可抗拒上帝的计划。葡萄牙在这里被比作摩西和耶稣。"我们今天看到了不可思议的事情"——人们引用《圣经·新约·路加福音》中的话来表达对开辟一条通往向东方的财富的道路和扩大葡萄牙领土的惊叹。

16世纪最有名的旅行报告集是威尼斯人拉慕索（Giovanni Battista Ramusio, 1485～1557）编纂的。这部三卷本的丛书于1550～1559年出版。编者拉慕索是威尼斯共和国的政府官员，有机会以外交官员的身份出使欧洲各国。那个时代从事地理发现的旅行家，他几乎都认识或者与之有通信关系。该书第一卷主要是关于葡萄牙人在非洲和亚洲的海外扩张活动的旅行报告。拉慕索本人也写了关于香料贸易的文章附录其中。第二卷是13世纪、14世纪在蒙古帝国的旅行报告。

拉慕索书中关于葡萄牙东方活动的报告，重要的有如下几种。

达·伽马第一次东印度探险的同行水兵阿尔法罗·费尔禾（Alvaro Velho）的《航海日志》。

佛罗伦萨安德烈·科撒力（Andrea Corsalis）关于葡萄牙商人在南中国海岸从事贸易的信。第一批葡萄牙商人是1514年到达南中国海岸的，这封信发表于1518年，是葡萄牙人之外最早关于葡中海上商贸关系的报告。信中说，最近几年，葡萄牙的船只常到中国去做生意。他们从苏门答腊运胡椒到中国，"因为那是一个很冷的国家，消费大量的香料"。他们从中国运来的商品包括各种质量的丝绸、瓷器、麝香、珍珠、铅和大黄等，还说同中国做香料贸易比在葡萄牙国内更赚钱。

1520年，葡萄牙关于非洲、印度和远东海外殖民地的文件是官方密件。这份文件是提供给葡萄牙代表团同西班牙谈判，争夺马六甲领属权而使用的。虽然是葡萄牙的机密档案，还是被西班牙人弄到了一份复印件。

关于1520~1522年葡萄牙第一次访问明朝使团的活动的信件。使团由皮雷斯率领，抵达广州后等了15个月，于1520年春终于获准可以进京觐见。适值正德皇帝驾崩，使团不得不又一无所获地回到广州。这时葡萄牙舰队攻占马六甲和广州口岸的要塞，致使葡国使团被当作海盗拘禁，有的被处死。被拉慕索收入丛书中的是使团成员菲埃拉（Christorao Vieira）和另一位身陷广州监狱的葡萄牙人卡尔夫（Vasco Caivo）的两封信。菲埃拉的信寄自北京，他关于朝廷典礼和官员的描述，是欧洲第一次对明代国家结构的认识。

皮雷斯在出使明朝以前是葡萄牙王家药剂师，1511年后便作为香料巡视员在马六甲等地停留。他在1512～1515年写作的《东方概述》(Suma Oriental)被认为是最早对中国及远东地区作详细描述的作品。作者关于印度和马六甲的报告多为亲身观察的结果，关于中国部分则是汇集了商人的报道。这本书也被拉慕索摘要收入他的旅行报告集的第一卷。书中提到中国时说：根据东方各个民族的介绍，"这个国家想必是十分强大、富有而且美丽"。"中国皇帝是一个拥有广土众民的多神论者。中国人长得像我们一样白……中国有许多石筑的城市和要塞。皇帝所在地叫汗八里，即北京。"这是欧洲第一次把马可·波罗提及的汗八里确认为北京。《东方概述》还附有一份"海图"，它出自葡萄牙航海家罗斯(Francisco Rois)之手。这份海图注有珠江三角洲和一座用方城围着的城市，并标明是中国，估计是指杭州，涉及的可能是京杭大运河。这是罗斯于1525年根据马六甲中国商人的介绍绘制而成的。

在拉慕索编纂旅行报告汇编的同时，在里斯本出版了一部关于葡萄牙在远东事业的百科全书式的著作，这就是葡萄牙历史学家巴洛斯(Joao Barros, 1496～1570)依照罗马历史学家李维的著作而编的当代史。该书按照时间和地理编排。因为只完成了亚洲部分，所以被人称为《亚洲史》。巴洛斯是印度事务部的经理，有充分条件利用所有来自葡属海外殖民地的官方文件。比如上面提到的皮雷斯的《东方概述》、葡囚来自北京的信件、葡萄牙与西班牙谈判的文书档案，以及其他外界所不知的文献资料。该书的前三个"年代"(Decade，依照李维《罗马史》，按照年代分卷)于1552～1563年在里斯本出版，其余两

第七章　时代的变奏

个"年代"是17世纪初他去世后,由在果阿的商务档案管理员考托(1542~1616)编辑出版。关于中国的记述主要在第三个"年代"里。尽管巴洛斯从来没有到过中国,但是他却非常准确地描述了中国长城的走向、中国的海岸线和内陆省份的地理。他自称这些材料得自于一位为他提供翻译资料的中国仆人。

16世纪最有影响的关于中国知识的著作是西班牙人门多萨(Juan Gonzalez de Mendoza)的《大中华帝国史》。

大约在1583年,西班牙奥斯定会教士门多萨受教皇格利高里十三世的委托编纂一部大书,要求"包容所有关于中国的事物的历史"。门多萨是一位博学的人,他利用当时欧洲能找到的出版和未出版的资料,加以爬梳剔抉,第一次为欧洲读者提供了一部系统的内容相对可靠的关于中国的著作。该书于1585年以西班牙文在罗马出版,很快风行欧洲,在整个17世纪无数次被人引用,成为那个时期欧洲了解中国知识的重要来源。

门多萨介绍了关于"这个强大的划分为十五个省,其中每一个省比任何一个欧洲国家还要大的王国"的情况,诸如地理位置、疆域、人口、经济、发明、历史、国家制度、宗教礼俗,等等。门多萨的这部教材性质的著作的价值在于收集了许多目击者的报道。主要资料来源之一是另一位奥斯定会教士拉达(Matin Rada)的报告。拉达于1575年到达中国的福建,并且第一次证实了马可·波罗所说的契丹就是中国。拉达还说长城是中国北部的疆界,这一点也被门多萨全盘接受。

门多萨著作的另一主要资料来源是葡萄牙多明我会克汝茨(Gaspar da Cruz)的著作。克汝茨于1540年以来便作为传教士来到印度海岸和马六甲。在那里他曾经为其教团建立了一座修道院。在柬埔寨传教失败后,他转而来到中国。他到达广州仅几个月,就被驱逐出境。1570年,在他去世那一年出版了题为《中国情况详介专著》(Tratado em que se contam muito por extenso as cousas da China)的著作。这本书的资料除了他本人在东南亚和中国广州所听说的消息外,主要取材于一位名字叫佩雷拉(Galeote Pereira)的葡萄牙商人的报道。佩雷拉在1549年与人在中国海岸做走私生意,事发后被明朝地方官逮捕。监禁期间被送到过许多地方,还曾在北京待过。1553年他成功地逃离了中国。当时正多方搜集中国情报,为无法进入中国内地传教而一筹莫展的耶稣会士急切地请求他写出在华的经历,于是佩雷拉的《中国报道》(Algumas cousas de China)在删节后被收入培训耶稣会士的教材中,于1565年在威尼斯出版。他用中世纪惯用的口吻说:"北京是如此之大,没有人能够骑着马从太阳升起到太阳落山之前穿城而过。"克汝茨的书的主要内容是关于广州城和中国风俗的描述。由于该书于1570年用葡文出版后,没有被翻译成其他文字,这部号称欧洲第一本专讲中国的著作,遂通过门多萨的《大中华帝国史》而知名于世。

门多萨的著作虽然以旅行报告为主要资料来源,但在形式上仍然属于学术性的国家介绍的传统模式,它力图构成一个完整的国家形象。然而这并没有妨碍它表达了一种把东方贸易和传教策略结合起来的意图。例如,他说聪明的中国人崇尚和平主义(Pazifismus),他们放弃对外扩张,漠视宗教。这些都被看成是对传教事业有利的因素。除了介绍中国的纺织品、瓷器和

第七章 时代的变奏

手工产品等可供做通商贸易的商品，门多萨还详细地描述了中国的行政管理系统。他赞赏中国的监察制度，对官员赏罚分明，"是中国成为世界上最好的政治制度的原因"。

门多萨的著作很快被译成多种文字。1586年有意大利文本，两年后有法文和英文本。1588年在法兰克福出版了拉丁文本，次年又有德文译本，1595年又有荷兰文本。一直到17世纪中期，它都畅销不衰，先后以7种文本多次重印，合计发行达46版。如果我们比较一下1586年的英译本和1589年的德译本，我们就会发现，同样的信息，人们有着多么不同的态度和理解。在伦敦的英译本前言中，作者强调为了建立独立的英国对华贸易渠道，应该谋求开辟一条北方的海路，以便与易北河的强权竞争；德译本前言则悲观地认为，中国的发现无疑是世界末日来临的先兆，在末日将至之前，必须按照上帝的意志，把基督的真理带给最后一个人类所不知道的民族。

1596年，荷兰人林韶滕（H.van Linschoten，1536~1611）出版了《旅行指南》一书，具体地向西欧的读者们透露了关于葡萄牙在东印度的殖民经济的可靠消息。1594年刚刚解除了一项禁令，使得荷兰人获准可以在里斯本经商，参与从事香料贸易，因而该书在阿姆斯特丹一经出版，即受到了商人们的热烈欢迎。林氏1583年出任天主教在果阿（Goa）的大主教，在那里任职达十几年，回国后出版了此书，并且很快被译成德、英、拉丁和法文。出版商是地图学家克拉兹（Cornelius Claez）。书中附有一幅东亚和东南亚地图，是根据葡萄牙人的航海图绘制的，堪称16世纪出版的关于该地区的最精确的地图。但是图中关于中国内陆的山脉、河流的走向等仍以想象的成分居多，我们看到地图上许多地方画上大象、长颈鹿等动物，大都属于向壁虚构。图中有马可·波罗书中的"行在"（杭州），被内陆湖所包围，朝鲜也被画成一个圆形的海岛。作者本人并没有亲自到过中国，书中关于中国的一章完全取自门多萨的著作，只是又加上了许多图表，它们是根据作者的叙述，由插图画家多特查姆（Johann aptist van Doetechum）绘制的，使得该书图文并茂。门多萨的著作也因此而大大提高了其在17世纪的影响和作用。

四、利玛窦的传教事业

在西方商业殖民势力东来之际，天主教传教士也乘势而入。在远东的传教事业中，1540年成立的耶稣会士做得最为成功。还在耶稣会刚成立的那一年，总会长罗耀拉（Ignatius Loyala，1491~1556）就派遣西班牙贵族沙勿略（Francis Xavier，1505~1552）作为教廷远东使节前往印度。沙勿略发现东方民族特别崇拜中国的文化，遂决定去中国传教。只是由于明廷严厉的海禁政策而未能遂愿，1552年因病死于距广东台山县约10公里的上川岛。

就在沙勿略去世的那一年，利玛窦（Mathieu Ricci，1552~1610）出生在意大利中部的一个贵族家庭。来华前他曾在罗马攻读法律、哲学、神学，又曾学习数学和历法。1578年，他与罗明坚（Michele Ruggire，1543~1607）等14名耶稣会士从里斯

第七章 时代的变奏

本东航。当时葡萄牙人已牢牢地控制了澳门，天主教的传教事业在南洋和印度等地均十分红火。1579年他们到达澳门，在那里专心学习中国语言，了解中国文化。1583年，他们在知府王泮的帮助下，获准进入广东肇庆，并建立"仙花寺"，中堂题匾"西来净土"。罗明坚等人剃发穿僧服，颇有鱼目混珠之意。1588年，罗明坚被逐回澳门，并于同年被派回国，利玛窦则在华成功地扎下根。在后来的岁月里，利玛窦经历了许多曲折，先后辗转韶州、南昌、苏州等地，1598年，第一次进京未获得居京允许，于1601年再次进京进贡文物，从此定居北京，直至1610年病逝，葬于北京阜成门外的二里沟。

利玛窦在华27年，念念不忘传教的目的。为了达到这一目的，有时又不得不隐瞒它，而借宣扬西方文化来取得中国士大夫的信任。但不管采用何种方式，他在华生活这一事实本身，就是中西文化交往的存在形式。利氏的所作所为在中西文化关系上的意义可以从以下几个方面来看。

第一，宣传西方物质文明的进步。利玛窦曾在肇庆的居所专门辟出一个图书室，展示西洋书籍。其精美的印刷、考究的装帧、烫金的字体，都使来访者赞叹不已，并进而想象西方文明之高。他赠送万历皇帝的自鸣钟、三棱镜等物，也具有展示西方物质文明的意义。

第二，宣传西方先进的科技知识。利玛窦曾经亲自制作一些天球仪、地球仪和浑天仪等，从而博得了天文学家的声誉。他还精通数学，瞿太素是礼部尚书之子，曾跟其学习天文、数学两年。徐光启、李之藻都曾与其讨论过数学问题，均为其知识之渊博所折服。他还利用西方地理等知识绘制了一幅世界地图,流传极广,第一次使中国人认识到接近真实的世界面目。

第三,撰写汉文书籍,宣传西方文化知识。他的第一本汉文著作是《西国记法》,讲西方记忆之法;在江西时又作《交友论》,编译介绍了西方哲人的一些警句名言。更重要的是1595年在南昌发行的《天学实义》(后改名为《天主实义》),用问答的形式,通俗易懂地介绍了基督教的基本教义。他总是力图引证中国古籍来证明天主教教义与中国古代思想的共同性。该书在利氏生前已一版再版,并被译成日文、高丽文,在东亚儒家文化圈引起极大反响。利玛窦这种糅合"儒学"与"天学"的做法,使他赢得了"西儒"的称号。

第四,积极争取发展中国士大夫入教。利玛窦在京期间,与士大夫交往频繁。有时每天接待来客竟达20批百人以上。有人统计与他交往的人员中,有品官14人,进士和举人共17人,秀才300人,生员140人,宦官40人。结交的上层人士虽多,但劝其入教则颇难,很少有中国士大夫愿意舍弃妾侍而遵行一夫一妻制这个基督教不可动摇的原则。如进士出身、官至南京工部员外郎的李之藻即是如此。利玛窦费尽心机,直到李之藻患重病临死的那一年才舍妾接受洗礼入教。乡贤杨廷筠也是由他介绍入教的。后来官至礼部尚书兼文渊阁大学士的徐光启也接受了洗礼,并取教名保禄。利玛窦认识到儒学在中国人心目中的地位,故而采取以儒学外饰天学的方法,极力证明天主教与儒学并不矛盾,天主教的天主其实就是中国古圣贤书的"上帝""天"。利玛窦的传教策略使耶稣会士的事业发展很快。至利氏1610年去世，在华传教士已达2500人，其中著名的有艾儒略（Jules Aleni，1582～1649），在闽浙传教、著书立说，被称为"西来孔子"；庞迪我（Diego Pantoja，1571～1618）不仅介绍西方科技知识，而且对汉语也颇有研究；金尼阁（Nicolas Trigault，1577～1628），往返欧华之间，其编译的中国经典与历史著作在欧洲问世。此外，还有郭居静（Lazare Cattaneo，1560～1640）曾协助利玛窦传教，后在南京、上海、杭州等地开教；高一志（Alphonse Uagnon，1566～1640）初名王丰肃，曾在南京、山西等地传教；熊三拔（Sabbatino Ursis，1575～1620），曾随利玛窦在北京传教，与庞迪我一起同徐光启、李之藻等译成欧洲历算书多种；邓玉函（Johann Schreck，1576～1630），曾参与编成《崇祯历书》，著有《奇器图说》等。由于这些传教士的努力，明末天主教在中国的一些地区如北京、南京、上海、杭州等地已经有一定的势力、一定的规模了。

五、徐光启与西方科技

明末中国士大夫与天主教关系交往最笃、在其时中西文化关系中影响最大的是徐光启、李之藻和杨廷筠三人，世称天主教在华开教之"三贤"，是明末中国天主教的三大柱石。

徐光启（1562～1633）出生于上海徐家汇。还在1604年考中进士前，他已经与耶稣会士有交往。最早是1595年在韶州教书时，会见过当地天主教堂的神甫郭居静。1600年赴京途中，在南京与利玛窦作过几次长谈。1603年，他从南京神甫罗如望处获得《天主实义》一书，几天后便接受洗礼，成为天主教徒，教名保禄（Paul）。

徐光启进士及第后进翰林院为庶吉士，留住北京，崇祯朝官至礼部尚书兼文渊阁大学士。在京期间，他与利玛窦过从甚密，曾帮助过不少传教士开展工作或躲避迫害，身体力行地宣传天主教教义。

徐光启曾与传教士毕方济共同翻译《灵言蠡勺》，该书中心是讨论"亚尼玛"（灵魂）的问题，即关于人有灵魂、灵魂不死及死后荣登天国的问题。他在1616年所写《辩学章疏》中赞扬天主教教义的戒规训条"悉皆天理人情之至"，赞扬耶稣会的修身事天之学有益于世道人心的净化。徐光启支持并积极宣传天主教，与其说出自一个天主教徒的虔诚，还不如说是一个封建士大夫为挽救明末世道浇漓、人心不古局面所做的努力。在他看来，佛教来华1800年，其言似是而非，并未能改变世道人心；儒学只能"及人之外行，不能及人之中情"。只有天主教教义可以"耸动人心""其法能令人为善必真，去恶必尽"，起到补益王化、左右儒术、救正佛法的作用。如果让传教事业发展下去，"数年之后，人心世道，必渐次改观"①。

徐光启常把科学与天学相提并论，并用科学的无可置疑来证明天主教教义的无懈可击。他注意利用译介西方科技著作的机会来宣扬天主教教义。在《刻几何原本序》《刻同文算指序》《泰西水法序》中，都不忘称赞天主教传教士的修身事天之学。

---

① 《徐光启集》，第433、521页。

第七章　时代的变奏

《利玛窦中国札记》记载："徐保禄博士有这样一种想法,既然印刷了有关信仰和道德的书籍,现在他们就应该印行一些有关欧洲科学的书籍,引导人们做进一步的研究,内容则要新奇而有证明。"徐光启显然是想用西方自然科学的权威性与先进性来为天主教信仰的传播提供佐证。耶稣会士柏应理称赞徐光启"真为天学干城",绝非虚言。

当然,徐光启大力引进译介西方科学技术,绝不仅仅是为了传教,更重要的还是为了富国强兵,巩固明王朝,振兴国家与民族。他曾与利玛窦合作,翻译出版了德国数学家克拉维奥的拉丁文15卷《几何原本》中的前6卷,其中卷1论三角形,卷2论线,卷3论圆,卷4论圆内外形,卷5、卷6论比例。在此基础上,徐光启撰著了《测量法义》。这本书是中国传统数学与西洋数学相结合的作品,它按欧几里得几何的定义,参照《周髀算经》和《九章算术》的材料整理成书,目的在于说明《几何原本》的原理用途。

徐光启还曾与利玛窦讨论过天文学问题,对于西洋天文历法之学推崇备至。他曾根据耶稣会士熊三拔的讲解,撰成《简平仪说》,并与之动议翻译西洋历法。崇祯朝,他以礼部尚书的身份领导历法局,由中国学者与耶稣会士共同撰修《崇祯历书》。修历的过程实际上是中西学术思想的大交流。《崇祯历书》明确引进了地圆思想,认为五星绕日运动,其运动方位受到太阳运动速度的变化;分圆周为360度,一日为96刻,60位进制也被引用到修历中。

1612年,徐光启曾与耶稣会士熊三拔合作翻译《泰西水

127

法》，介绍西方先进的水利知识。他也注意学习西方先进的军事技术，曾派人到澳门去购买和仿造荷兰所造"红夷炮"。后来有一门炮在宁远防御战中发挥了很大作用。徐光启也重视西方的其他科技成就，如他建议制造望远镜，向传教士庞迪我学习西洋医药学知识和种植葡萄的技术。

总之，在明末中西文明的接触之中，徐光启不愧是有识之士。

第八章

交光互影
清代的西学东渐与东学西渐

第八章 交光互影

19世纪前,清代中西文化关系的主线是中国与欧洲文化的交流。以耶稣会士为主的欧洲传教士把西方的科学文化进一步介绍到中国,同时又把中国的思想与文化介绍到欧洲。从主观上说,他们介绍西方文明的目的在于赢得中国人的信任与好感,以利于其传教事业;他们向欧洲介绍中国的目的是争取西方教俗世界对其传教事业在物力、人员和道义上的支持。但是,事与愿违,天主教在华的传教事业由于以礼仪之争为导火线的中西文化之间的冲突而以禁教告终。但是,17世纪、18世纪中欧文化交流的热络局面及西学东渐和东学西渐的影响却经久不衰。

一、明清之际的传教士

明清之际的三股政治势力都与耶稣会士发生了关系。李自成进北京时对传教士并未加以杀害。张献忠在四川,神甫安文思(Gabriel de Magalhaens,1609~1677)、利类思(Louis Baglio,

1606~1682）被招引出山。他们受命制作的天地二球曾受到张献忠的赞赏。而南明时期，传教士尤为活跃。

建于南京的南明弘光政权中，毕方济（Framcois Sambiasi，1582~1625）神甫以弘光皇帝在河南藩邸的旧识，曾受命赴澳门向葡萄牙人请救兵。福州唐王政权的执政郑芝龙（郑成功的父亲）是一位教名为尼古拉的天主教徒，与毕方济交游亦笃。广西的桂王政权中，大臣瞿式耜与权臣庞天寿都曾接受天主教洗礼，施洗神甫分别是大名鼎鼎的艾儒略与龙华民（Nicolas Longbardi，1559~1654）。由于庞天寿的引介，传教士为宫中的皇后、皇太后、太子、妃嫔及数以百计的官员人等施洗。在清兵的步步紧逼下，南明朝廷寄希望的当然不只是上帝的庇佑，而且想入非非地寄希望于澳门的葡萄牙人乃至罗马朝廷的武装支持。庞天寿曾经从澳门方面获得百余门火炮，但这无疑是杯水车薪。而持永历皇帝书信赴梵蒂冈求救的使节卜弥格（Michel Borm，1612~1677），更是缘木求鱼。在清兵的打击下，十字架无论如何也挽救不了南明政权灭亡的厄运。

在清朝方面，1644年清兵占领北京以后，耶稣会士与前明遗老继续得到重用。这一年正好发生了一场日食，回回历官和汉人历官都不能准确地加以测试，而汤若望不仅预测到9月1日（清兵是6月7日进京的）的日食，而且推算出它在北京及其他城市的观测时间。于是，汤若望被任命为钦天监正，这是中央主管天文历法工作的最高官员。

汤若望（Johann Adam Schall Von Bell，1592~1666）是德国莱茵河畔科隆市人，19岁参加耶稣会。1618年他26岁时起程来华，先在西安传教，后来奉召进京，明崇祯朝时已经因为其渊博的天文知识而受到重用，是《崇祯历书》的主要撰著者之一。清初顺治帝时期，改《崇祯历书》为《时宪历》，颁行全国。在任职钦天监正期间，汤若望还撰著了不少天文历法方面的书籍，或者与中国学者共同译述这方面的作品。他还身体力行设计制造天文仪器，包括望远镜、天体仪、星高仪、日晷、圆规等，中国国家博物馆现在还收藏着一个他制作的小型象牙日晷。利用这些仪器，他与中国学者共同绘制了《见界总星图》。它突破了中国传统的制图方式，在恒星的测量推算、星图的形制和表绘上，都有创新意义。

由于汤若望的卓越才能，顺治皇帝对之宠信异常，先是封他为太常寺少卿，继而为太常寺卿，最后加号光禄大夫，成为朝廷的显贵；甚至汤若望的父母、祖父母、曾祖父母也被加封通奉大人和二品夫人。汤若望一再以自幼出家学道、誓绝婚宦为由推辞，但是仍然被礼部驳回"不准辞"。又按例准其"荫一子入太学"，汤若望不纳妻室，没有子嗣，只得收养一个"义孙"，取名汤士宏，令其入学。顺治帝曾经去汤若望的馆舍看望他20多次，称他为"玛法"（满语，"可敬的老爷爷"之意），为他题碑："事神尽虔，事君尽职，凡尔畴人，永斯矜式。"意思是要人们以汤若望为榜样，学习他虔诚尽职、忠君事上的精神。

1662年，康熙帝即位。皇帝只有七八岁，朝政掌握在鳌拜等辅政大臣手里。当时爆发了一场所谓"历法之争"，把汤若望等教士投入了监狱。

事端首先由安徽歙县人杨光先挑起。1659年，杨光先撰写

《摘谬论》《辟邪论》批评西洋历法。次年又上书礼部，说汤若望居然在《时宪历》上写上"依西洋新法"等字样，岂不是明目张胆地讲"大清奉西洋之正朔"吗？当时由于顺治帝对汤若望恩宠未衰，所以礼部将上书按下不发。1664年，杨光先再次上《请诛邪教疏》，罗列汤若望有潜谋造反、邪说惑众、历法荒谬三大罪。结果，汤若望及其晚年助手、比利时传教士南怀仁（Ferdnand Verbiest，1622~1688）等均被下狱。

经过几度审讯，传教士被指控的罪名是：汤若望出任钦天监正的职务，并不是要为大清王朝出力，而是企图借此更易于在全中国遍设教堂，更广泛地传播基督教。传教士认为伏羲是亚当的后代，中国的始祖来自欧洲，荒谬之甚；传教士散布圣牌、圣像、十字以及教义问答手册，发展教徒，居心叵测，其目的在推翻清王朝；教徒均为其同党，教堂乃是其巢穴，甚至说在澳门已屯集3万武装力量。又有指控说汤若望在选择某宗王安葬日期上，故意误用洪范五行，大不吉利，致使灾祸接踵而至，亲王夭折，其生母董妃旋即死去，接着顺治皇帝驾崩。这样的罪行，几同弑君，朝廷上下没有人再敢为汤若望辩护了。

1665年，汤若望被宣布处以凌迟的极刑，南怀仁等七人被判处斩。恰好在这时，北京连续四天发生地震，而宣判前夕，天上又有彗星出现，地震后宫中继以火灾。一连串的灾象使康熙帝的祖母孝庄皇太后发布懿旨：汤若望乃先帝之爱臣，当政大臣如此迫害先皇旧臣，致使上天降怒。坚持必须将汤若望等无罪释放。

汤若望虽被开释，但不久即因病死去，钦天监正由杨光先担任。但杨光先制定的历法错误很多，以至于康熙八年的一年之中竟有两个春分、两个秋分，不当闰年而有闰十二月。南怀仁发现这一情况立即呈文上告。康熙帝这时正宣布亲政，有心铲除权臣鳌拜，而新旧历法之争正是一个借口。所以康熙帝接到呈文，认为打击鳌拜一伙的良机成熟，下令南怀仁与杨光先当场测验日影，先在观象台，后又移至宫中测试，继而又作天象观测，结果南怀仁的测试全部正确，而杨光先等则谬误很多。于是，杨光先被革除钦天监正，南怀仁先出任钦天监副，几年后任钦天监正，成为康熙帝的宠臣。

南怀仁曾陪同康熙帝出巡东北，在清朝同荷兰、俄国的外交谈判中充当中方翻译。他还曾为康熙帝讲授天文、数学与几何知识，为清政府平定三藩制作各种型号的火炮130多尊。对于南怀仁多方面的才能与贡献，康熙帝赞赏不已。康熙帝本人对自然科学的兴趣也日益增加。他写信请求西方世界派遣更多的博学多才的教士来华。于是法国国王路易十四派遣白晋、张诚等六名被称为"国王数学家"的传教士来华。

根据教会史专家的统计，康熙朝以前西方来华传教士中，法国只有26人，康熙朝以后即达89人，仅次于葡萄牙而占第二位。1661年路易十四亲政后，对内加强王权，实行重商主义，对外积极争夺欧洲霸权，扩张海外势力。17世纪中叶以后，法国派到中国的教士增多，正反映了法国本身的这种形势。

1685年，白晋（Joachim Bouvet，1656～1730）等六人奉路易十四之命乘船离开法国，途中几经周折，除一人留在暹罗（泰国），其余五人于1688年2月抵达北京。康熙帝接见他们后，留白晋、张诚（Jean-Francois Gerbillon, 1654~1707）在宫中服务，洪若翰（Jean de Fontaney, 1643~1710）、刘应（Claude de Visdelou, 1656~1737）、李明（Louis Le Comte, 1655~1728）赴陕西、上海等地传教。

白晋、张诚都是康熙帝的宫廷教师，受命为康熙帝讲授自然科学知识。根据白晋所著《康熙皇帝》，似乎他曾试图说服中国皇帝设立一个科学院，类似于法国皇家科学院的性质。白晋及洪若翰等曾在中国进行有关科学考察，将科学观测报告寄回法国，而法国科学院则给他们这些活动以指导，或寄赠书刊与仪器等。张诚是《中俄尼布楚条约》的中方主要译员之一，深得康熙帝的倚重，白晋曾奉康熙帝之命出使欧洲。在他的努力下，一艘名为"昂菲特里特"（L'Amphitrite）、载重量为500吨的法国商船于1698年远航中国，这是第一艘航行中国的法国商船，不仅载来了马若瑟（Joseph Hennry M. de Prémare, 1666~1736）、巴多明（Dominique Parrenin, 1665~1741）、雷孝思（Jean-Baptiste Regis, 1663~1738）等后来在中西文化交流中作出贡献的八名耶稣会士，而且满载了中国商品回到欧洲，成为中欧关系的友好使者。

二、西学东渐——西方文化的输入

清代前期，传教士传入中国的西学较之明代已更为广泛和深入，特别是由于在位60年的康熙帝的倡导，西方科学和艺术在中国学术界已经产生了一定的影响。

第八章　交光互影

天文学与立法学方面。一是修订颁行了一部《时宪历》；二是介绍了西方的天文学原理与测量方法；三是重建了观象台观测仪器。康熙年间继任钦天监正的南怀仁从1669年开始，将全部精力投入改造北京观象台、添铸仪器的工程。四年之后，修成大型铜仪六件，即天球仪、赤道经纬仪、黄道经纬仪、地平经纬仪、象限仪和纪限仪。其中以天球仪最为气势磅礴。它由承重底梁、地平环套架和"天球—子午线"三大部分组成，总高约2.76米，重达4吨，球面星体达1888颗。它采用了游表等西欧最新发明，利用游表可以读得分或分以下的估计数值。南怀仁还编成《新制灵台仪象表》16卷，两卷为图，其余为文字，可谓图文并茂。该书是系统介绍各种仪器的构造、性能和使用方法的手册。1674年奏请刊用，博得康熙帝龙颜大悦。最初，耶稣会士传播的主要是丹麦天文学家第谷（1564~1601）创立的以地心说为主要内容体系的天文学理论。这种情况一直持续到1722年编成的《历象考成全书》中。虽然早在1640年汤若望就在《历法西传》中，从天文学发展的角度，第一次在中国赞扬了伽利略在天文观测上的伟大成就，但是在《时宪历》编成100余年后，法国耶稣会士蒋友仁（Michel Benoist，1715~1774）才对哥白尼的日心说有明确的介绍。表演哥白尼学说的天文仪器——七政仪，也在18世纪传到了中国。

数学方面。明末利玛窦与徐光启、李之藻等中国士大夫合作，译介了《几何原本》等近代数学书，清代西方数学的引进更为深入。波兰传教士穆尼阁（Nicolas Motel，1617~1657）介绍了对数解球面三角形的方法。中国学人薛凤祚（？~1680）

从其学习数学，编成了《历学会通》(1664年)，所收关于对数与三角形的数学著作有《比例对数表》《三角算法》《比例四线新表》等。在《三角算法》中，除介绍了《崇祯历书》中的正弦、余弦定理外，还有半角公式、半弧公式等。17世纪中叶介绍的这些数学知识也影响着中国学者的研究兴趣。如数学家梅文鼎对三角学也作过精心研究，撰有《平三角举要》《弧三角举要》等。

清初西方数学传入中国的集大成著作是1723年出版的《数理精蕴》。这部书本身就是中外学者合作的结果。它是在张诚、白晋等传教士为康熙帝讲授数学的译稿基础上，由中国学者汇编而成的。正式刊印在1723年。《数理精蕴》分上、下两编。上编5卷收入《几何原本》《算法原本》。下编40卷，其中卷1～卷30是实用算术，如度量衡制度、记数法、整数四则运算、分数运算、联立方程等；卷31～卷36介绍欧洲传入的代数学，如以假借根数、方数求实数，其中三次求根法与英国数学家拉普森于1690年发表的求根法相同；卷38介绍对数，主要是英国数学家耐普尔在1614年发明的对数法。该书末尾还附有《素因数表》《对数表》《三角函数表》《三角函数对照表》等。《数理精蕴》是清代学者学习研究西方近代数学知识的宝库，许多数学家因此而推陈出新、融汇中西，为中国数学的发展作出了重大贡献。安徽宣城人梅文鼎（1633～1721）、江苏吴江人王锡阐（1628～1682）及蒙古族出身的明安图等就是其中的杰出代表。

地理学与地图测绘方面。利玛窦第一次用西洋方法绘制的世界地图——《山海舆地全图》曾经为他赢得了很高的声誉，

第八章 交光互影

甚至帮助他成功地进入了北京。这幅地图介绍了地圆说和五大洲的概念、五带的划分。明末艾儒略的《职方外纪》进一步分卷介绍了亚洲（卷一）、欧洲（卷二）等五个洲，是中文著作中第一部介绍五大洲的专书。清代康熙时南怀仁的《坤舆图说》基本上是重复利氏和艾氏的介绍成果。清代学习西方地理学的最大成就是聘用西方传教士完成对全国地图的测绘工作。这项工作的试点工作从北京附近开始。8个月后试点工作完成，康熙帝乃命白晋、雷孝思、杜德美（Pierre Jartoux，1668~1720）和费隐（Xavier-Ehrenbert Fridelli，1673~1743）等传教士主持其事，正式开始测绘全国的地图。测绘采用了西方经纬图法、三角测量法和梯形投影法。1718年，全部测绘工作告竣，传教士马国贤在欧洲制成铜片41幅，号称《皇舆全图》。这是当时世界上工程最大也是最精确的制图。参加这项工作的有德、葡、法等各国传教士70余人，以及许多中国官员与学者，可以说是中西方通力合作的成果。此后雍正年间修《皇舆图》、乾隆年间完成的《西域图志》，也都是中国学者与西方传教士合作完成的。1760年，由传教士蒋友仁总编辑的《乾隆十三排图》所及范围北抵北冰洋，南达印度洋，西至波罗的海、地中海与红海，是一幅名副其实的亚洲全图。

西洋医药方面。明末西洋医药学方面的著作以《泰西人身说概》最为重要。该书是讲解西洋人体解剖知识的专书。清朝初年，西方医药学知识进一步传入中国。康熙帝曾被传教士治愈疟疾、心痛症与上唇瘤，从而使西医西药从介绍进入实用阶段。皇帝宫中有西洋教士充御医，在民间行医者更多。在康熙帝支持下，白晋与巴多明译成《人体血液循环和但尼斯的新发现》。西医学专著有传教士译成的《本草补》。《人体解剖学》是康熙帝命教士先译成满文又译成汉文的。清代中国医学家也开始研究西医。赵学敏的《本草纲目拾遗》就常引据《本草补》一书。王宏翰的《医学原始》也采用了艾儒略、汤若望等人的西医学理论。

　　艺术领域。在建筑方面，圆明园建筑即为中西合璧的作品。它是由意大利传教士郎世宁和法国传教士蒋友仁、王致诚等设计监造，而由中国工匠完成的。在总体规划上主要采用了欧洲传统的几何构图，又局部采用了中国式的自然景致。园中既有兼采意大利和法国巴洛克风格的宫殿建筑，又有中国式的假山与池塘；一面是欧洲式的大狮子雄踞楼阁之前，一面是中国式的十二生肖青铜雕像铸成的喷泉，可以说是世界造园史上的杰作。在绘画方面，应该特别提到的是郎世宁（Jos. Castiglione，1688～1766）的作品。郎世宁在康熙末年（1715年）来华，康、雍、乾三朝均在宫中作画。他的作品用中国画具，取中国题材，而用西洋画法。作品以花鸟走兽为多，也有人物与历史题材的。乾隆帝认为郎世宁的画"著色精细"，但神韵稍逊于中国古画，而西人则认为他的画已完全中国化。实际上，郎世宁正是兼采中西而发展了自己独特的画风。由于郎世宁等的影响，清代颇有一些中国画家也受到了西方美术风格的影响，产生了综合中西画法的画派，其中著名画家有康、乾时的焦秉贞、冷枚、陈枚等。

第八章　交光互影

三、礼仪之争——中西文化的冲突

明末清初天主教传教士随着商业殖民势力的东来，在中国首先碰到的一是具有悠久历史传统的高度发展的文化，二是有着"天朝上国"心态并强有力地统治着全国的朝廷（特别是在清朝）。这是其他地区的传教事业所没有遇到的新局面。传教士们感到，只有放弃迄今为止所采用的一切传教方法，才有可能在中国获得成功。因此，面对着中国政府严厉的海禁政策与拒绝态度，第一批传教士如利玛窦等当初的最大愿望首先是要进入中国。为了这一目的，他们先是打扮成僧人，继而穿上了儒服，他们对士大夫隐瞒自己真实的传教意图，只说是羡慕中国传统文化。为了取得中国人的好感与信任，他们读儒家经典，习中国语文，介绍新奇的"洋物"和西方的天文历算之学。在向中国人传教之时，他们不是强调天主教的西方价值，而是不厌其烦地向中国人反复证明，天主教是中国古已有之的东西，并且有意无意地从儒家经典中找出"天"和"上帝"等字眼来翻译天主教信奉的神（Deus）。天主教在华传教的主体骨干是耶稣会士，他们根据在欧洲的经验和对中国的实际情况的分析，决定把工作的重点放在社会上层，特别是儒家知识分子身上。这就使他们更加集中地面对中国传统文化的冲击。如果要中国人不讲孝道、师道，放弃祭祀祖先，不供奉孔子牌位，不仅在士大夫那里通不过，朝廷也是不允许的。于是以利玛窦为首的第一代耶稣会士采取了妥协的传教策略。他们强自解释，中国人的祭祖不过是表示对死者的哀思与怀念之情，礼拜孔子也只是对有道德学问的人的尊敬，这都是伦理道德方面的问题，不是宗教信仰方面的问题，中国人不仅不是无神论者，而且也不是偶像崇拜者。

正是传教政策上的这种灵活性，使耶稣会士不仅在中国站住了脚，而且在传教事业上有了很大的发展。徐光启这样的朝廷要员是基督教徒，明末宫廷中妃嫔、宫女入教者也不在少数（严格地按天主教教规的一夫一妻制来说，这些人都是不符合入教条件的）。清朝初年，以汤若望、南怀仁、白晋、张诚等为代表的学者型传教士，获得了顺治帝、康熙帝的充分信任。康熙帝下令耶稣会士有传教的自由，并且呼吁欧洲多派些传教士来华，还说天主教不仅无损于圣治，而且有助于王化，从而在西方世界赢得一片掌声。

耶稣会士的传教政策在内部一开始就有不同的意见。龙华民是利玛窦的接班人，他不同意将"天"或"上帝"与天主教的"Deus"看成是相同的；他也反对中国教徒祀祖祭孔。他曾写成《孔子及其教理》（约1622～1625），指出了孔子思想与基督教观念的不同。耶稣会士内部的争吵给了反对耶稣会的其他修会以可乘之机。方济各会与奥斯定会过去同情耶稣会士的传教政策，如今也变成了反对者。多明我会则于1635年到罗马教廷指控耶稣会士的"投降"政策。

黎玉范于1643年亲自到达罗马，在觐见教皇乌尔班八世时提出他对中国传教区的一些疑问，并向传信部递交一份包括17个问题的正式报告。黎玉范的第6～15个问题涉及天主教徒

第八章 交光互影

参加各种中国祭拜礼仪。他总是先描述中国人的种种行为，而且对这些行为冠以偶像崇拜和迷信的性质，言词中都是祭坛、灵魂、跪拜、祈祷、祭供偶像的供品等宗教性用语；然后他提出能否允许教徒按照某种改良的方式亦即耶稣会士所提倡的方式参加这样的礼仪。这样一种申述方式给人造成的印象就是，耶稣会士在容忍各种偶像崇拜行为。于是，当传信部将诉状转给圣职部（宗教裁判所），圣职部召集神学家委员会专门讨论这些问题时，神学家根据黎玉范的描述自然判定中国礼仪是宗教性的；而耶稣会士在容忍异教徒的宗教崇拜，自然该遭受谴责。

耶稣会士也不甘示弱，特地派卫匡国前往辩解。1654年，卫匡国抵达罗马，1655年向圣职部提交了4个命题，由专职神学家对这4个命题进行神学评价。这4个问题都是黎玉范曾提出的，但耶稣会士加以重新表述。其中的3、4两点分别是祀孔和祭祖问题。按照耶稣会士的描述，士人每逢初一、十五或取得功名后行祀孔礼的地点尊孔堂不是庙宇，没有司祭人员，士人来此只是鞠躬行礼，不贡献任何东西。至于祭祖礼，耶稣会士完全避免使用黎玉范所用的偶像、祭坛、祭品、司祭等词语，而强调说，中国人不认为亡灵是鬼神，中国人祭拜祖先的祠堂不是庙，只是家族纪念堂。放置牌位的桌子不是祭坛，只是一张桌子；牌位不是崇拜的对象，只是一个纪念物。从耶稣会士的描述来看，中国人的礼仪大体就是世俗性和政治性的，而不是宗教性的。卫匡国同时也向传信部递交了一份描述中国人各种礼仪的报告，但在祀孔礼方面，他省略了那种一年两次祭祀孔子的神圣礼仪而只谈到日常的祭拜，因为耶稣会士一向视那

143

种神圣礼仪为迷信而加以禁止。卫匡国这样做是强调耶稣会士的传统立场，即这些礼仪设计之初是出于文明的目的；同时也为了表明耶稣会士不是一味容忍中国所有礼仪，而是严格区分迷信与非迷信。

卫匡国的辩词暂时躲过了一劫，但是，中国的礼仪问题在西方世界所引发的轩然大波并未消失。

1701年，龙华民以《论中国人宗教的某些问题》为题的著作，和方济各会士利安当的《论中国传教区的某些重要问题》同时在欧洲出版。这两部书都激烈地抨击利玛窦以来的传教政策是向中国文化妥协，从而使在华耶稣会士在礼仪之争中更处于不利的地位。1704年，教皇克莱芒十一世作出决定：一、禁止用"天""上帝"来称呼Deus；二、禁止中国教徒参加敬孔祭祖的礼仪。次年，罗马教廷还派出特使铎罗到北京执行教廷的决议。

铎罗与康熙帝有过三次会面，1705年12月31日是首次礼节性觐见，1706年6月29日康熙帝第二次接见铎罗，6月30日两人于畅春园最后会面。三次会面中气氛日益紧张。康熙帝希望铎罗说明他出使的真实意图和罗马对他1700年谕旨的态度，并希望能与特使在礼仪问题上达成某些一致。铎罗则认为他只是来传教区宣布教廷决议，根本再无必要就此决议与一位异教徒君主进行讨论，所以始终搪塞回避。

在1706年6月30日的会谈中，铎罗在康熙帝的严词威胁下，见不能回避讨论礼仪问题，便提出他本人没有足够的语言知识回答康熙帝的问题，但可让精通中国文献的阎当代他详细

第八章　交光互影

解答。由此引出阎当8月初在热河觐见时，被康熙帝指为"愚不识字，擅敢妄论中国之道"。康熙帝此后也决心采取强硬措施，驱逐扰乱中国秩序的搬弄是非之人。同时规定，对于愿意留在境内的天主教徒，必须领"票"（居留许可证），并承诺遵守利玛窦规矩："自今以后，若不遵利玛窦的规矩，断不准在中国住，必逐回去。"

康熙帝一而再、再而三地作出努力，派遣使节前往罗马，希望教皇收回成命，但是仍然不为罗马方面所理会。罗马方面却又派了一个使节嘉乐来华，递送教皇给康熙帝使节的答书。康熙帝在1720年12月31日至次年3月间数次接见嘉乐，确认来自罗马的最新命令只是巩固了教皇先前的声明时，他的忍耐也就到了极限。康熙五十九年十二月二十一日（1721年1月18日）于1715年宗座宪章译文上批示："以后不必西洋人在中国行教，禁止可也，免得多事。"康熙帝之后，雍正帝、乾隆帝继续推行严厉的禁教政策。

200多年后，即1939年，罗马教廷发表声明，允许中国天主教徒按照中国礼仪祭拜祖先和孔子。一场争论的结果虽然已经水落石出，但是，曾经的那场势头良好的中西文明的碰撞，却以禁教而告终了。回顾这些充满戏剧性的事件，不能不引发我们深思的是，不同文化、不同信仰之间如何共处，在今日依然是一个难题。西方文化进入中国后的经历可以为思考这类问题提供很多启发。

与教会方面同中国文化的冲突类似，世俗方面，西方列强在同清朝当局的外交接触中，也发生了另外一场"礼仪之争"。

清代前期，荷兰、俄国都曾派使团到中国访问，要求通商。荷兰人尼霍夫的《荷使初访中国记》在欧洲出版后，曾产生了很大的影响。俄国沙皇彼得一世于1692年派到中国的使团，曾在国书中将沙皇的名字写在中国皇帝之前，清朝当局以不合外国奏书之例而拒绝接受国书与礼品，但当时及以后中俄之间的交往并没因此受阻。在中国皇帝看来，清朝是天朝上国，其余国家都是番邦夷狄。外国使节来华都是前来"朝贡"的，所携礼物都是"贡物"，国书犹如番臣的奏表。理藩院在处理这些外交礼节时，也是一厢情愿地这么去做。

1793年，清朝政府又接见了一个庞大的外国使团，这就是英国国王乔治三世派遣的马戛尔尼率领的访华团。18世纪末的英国，资本主义发展十分迅速，中英贸易的增长也很快，此时的中英贸易额达1000万两白银以上，占整个中西海上贸易总额的80%左右。马戛尔尼此行的任务表面上是补祝乾隆皇帝八十大寿，实际上是扩大对华商务，要求派使臣常驻北京，准许英商登岸贸易，要求在舟山划一小岛给英商收存货物和居留，等等。英国使团的船队于1792年9月离开英国，次年7月驶抵天津大沽。乾隆帝和中国官员对英国人不远万里前来祝寿当然感到高兴，但是在他们眼中，大英帝国的特使不过是番国的"贡使"，英文国书《英国国王乔治三世致中国皇帝书》被译成中文的《英吉利国王热沃尔日敬奏中国大皇帝万万岁》的朝贡表文，护送使团的车船上也插着"英吉利贡使"的小旗。

英国人对这些当然并不完全知道（使团里尽管有两名中国留学生），但是当乾隆皇帝接见英使时，双方马上为礼节问题发生了争执。中国官员坚持要英使行三跪九叩之礼，而马戛尔尼则断然拒绝。几经商量，最后的妥协方案是用谒见英王时最恭敬的礼节觐见乾隆皇帝，即免冠以单腿下跪，但免去吻手。这样才使1793年9月14日乾隆皇帝在热河行宫接见英国使团的仪式得以顺利进行。但是，对于英国人的通商要求，乾隆皇帝一口回绝。在给英王的敕书中，乾隆皇帝傲慢地表示："天朝物产丰盈，无所不有，原不假外夷货物，以通有无。"如果英商来华贸易不遵中国法制，"定当立时驱逐出洋"。马戛尔尼的访华没达到预定的目的，于1794年离开广州回国。

20多年后（1816年），英国又派出阿美士德为大使来华，企图进一步开辟中国市场。这回又在觐见皇帝的礼仪上发生了冲突。本来英国政府曾指示阿美士德为达到出使目的可以相机行事，不妨顺从清政府的要求来觐见皇帝。但是东印度公司董事会则坚决反对行磕头跪拜之礼，阿美士德接受了东印度公司的意见，拒绝按照三跪九叩的礼仪觐见皇帝。嘉庆帝一怒之下，下令立即遣送使臣回国，并且谕令今后英国不必再遣使来华。

中英在觐见礼节上的这些冲突，一方面反映了清朝政府对西方势力介入的戒备与敌视；另一方面说明了中国皇帝的妄自尊大和对世界形势的盲目无知。

四、17世纪、18世纪欧洲关于中国的知识

与清朝政府对西方的无知相反，17世纪、18世纪的欧洲却掀起了一股中国热，无论是在欧洲大陆，还是在英伦三岛，朝

野上下都以谈论中国为时髦。

如果说16世纪西方关于中国的知识还很不完整，那么由于大批传教士在中国立足，他们穿梭往返于中国与欧洲之间；由于那些访华使团所写的出使报告附有精美的插图，在欧洲一版再版，不胫而走；也由于"礼仪之争"，吸引了欧洲教俗世界，特别是知识分子的注意力，17世纪、18世纪欧洲关于中国的图书长期畅销不衰。

从《利玛窦中国札记》开始，到曾德昭的《中华帝国史》、卫匡国的《鞑靼战记》，特别是在巴黎出版的《耶稣会士通信集》和《北京耶稣会士中国报告》两部大书，把一个历史的和现实的中国推到了欧洲人的面前。但是当时最受读者欢迎的是那些未到达中国的东方学家的编纂物。除了前面提到的门多萨的《大中华帝国史》（1585年）一版再版外，17世纪中叶的基尔谢的《中国图志》和18世纪杜哈德的《中华帝国详志》都是关于中国的百科全书式的作品，在欧洲具有广泛的影响。

基尔谢（A.Kircher，1602~1680）生于德国黑森林的富尔达（Fulda），他学习过人文科学、数学、东方学，曾经是威尔茨堡大学的教授，1631年转到法国，1635年接受耶稣罗马科学院的聘书，在那里一直生活到晚年。他是欧洲17世纪最博学和最有声望的学者之一，在数学、埃及学、神学和许多人文学科上都取得了不凡的成就。

1667年《中国图志》在阿姆斯特丹出版拉丁文版。全书共分六个部分：第一部分介绍新发现的大秦景教流行中国碑，第二部分继续介绍基督教的东方传教史，第三部分谈中国的儒、

第八章　交光互影

道、佛和民间宗教信仰，第四部分介绍中国的地理、政治、矿物、动植物，第五部分介绍中国的桥梁、建筑、河流和艺术，第六部分介绍中国的语言。在书的前言中，编者述及其资料来源时提到的人有：他以前的学生马丁尼（卫匡国）的《中国新地图册》，书中的地理部分主要来源于此；奥地利传教士白乃心（Johannes Grueber），他刚刚从中国回到欧洲，这位出色的画家完成了许多反映地貌的材料，这是基尔谢书中第五部分内容的重要来源；另一位曾到过中国的教士卜弥格，他的《中国植物志》图文并茂，是基尔谢书中关于中华植物及其铜版画插图的基本来源；卜弥格还是第一个把叙利亚文和中文"景教碑"翻译介绍到欧洲的，原碑文和译文都被收入基尔谢书的第一部分，从而使汉语作品第一次印刷在欧洲语言刊物中。

基尔谢在书中进一步提出了中国文字渊源自埃及象形文字的观点。根据他的估计，是诺亚的儿子闪（Shem）带着其族人从埃及迁徙到波斯。后来，在莫卧儿（Mogor）王国定居下来，埃及的象形文字从这里传入中国。尽管当时就有人如耶稣会士柏应理（Philippe Couplet，1624~1692）反对这种说法，但是基尔谢的意见却风行一时，并引起了长达150年的学术争论，直到18世纪末，法国著名的东方学家德经还站在基尔谢一边。

基尔谢个人学术声望卓著，书中的铜版插图精美丰富，百科全书式的广博内容和便于利用的编纂方式，使《中国图志》一问世便传入了欧洲。

杜哈德（J.B.Du Halde，1674~1743）的《中华帝国详志》是另一部影响广泛的作品。通过主编《耶稣会士通信集》，杜哈德对中国的资料已经了如指掌，因而在此之余，撰写了这部对18世纪的欧洲启蒙思想家产生了极大影响的皇皇巨著。该书原来的法文书名是《关于中国和鞑靼的地理、历史、纪年、政治和物产的详细的记述》。伏尔泰曾经称赞杜氏撰写了一部关于中国的最好、最详尽的著作，就是指的这本书。

1735年最早在巴黎出版的这部著作，对开本4大册。收入了27位耶稣会士，主要是法国传教士（23名）关于中国的报告。该书第一册的内容包括中国地理和历史两部分，地理部分有中国各省、府、州县的地理概况，其中有的府州还有简略的草图，列出了其地理方位表，比此前欧洲关于中国的舆地知识更为详尽准确，被公认是最有价值的一部分。关于中国历史的记载主要是一份中国历史编年，实际上是一部"古今帝王纪年表略"，附有有关记事，从远古的伏羲一直讲到当朝的雍正皇帝。

第二册叙述中国的政治、社会与经济。对《春秋》《礼记》《孔子》《大学》《中庸》《孟子》《孝经》等都有专节介绍。对儒家的父子、君臣、夫妇、长幼和朋友的关系都有专门的论述。其中部分文章的标题如"皇帝的权威""官员的权力""肥沃的土地和鼓励农人""刑事法律"等，在开明专制的鼓吹者和重农学派那里引起了极大的共鸣。

第三册介绍的内容首先是"中国的宗教"（第1~154页），从中国古代的礼制讲到儒家道德理论的概述等；第三部分是"古代中国的科学"（第326~358页），包括中国的音乐、天文学和几何、算术，还有一幅中国算盘的图片（第331页）；第四部分是中国文学（第358~460页），包括四篇传奇故事和著名的元曲《赵氏孤儿》的译文（第417~460页）；最后一部分在"中国的医药"中介绍了中国的土特产和中草药等。其中包括《本草纲目》，提到的物产有人参、麝香、冬虫夏草等。该书关于养蚕和瓷器的内容，18世纪和19世纪被抽出在法国和德国出版了单行本。

第四册是关于满、蒙、藏和西伯利亚、朝鲜的情况。其中有南怀仁在1682年随康熙帝出行的《鞑靼行记》（第88~96页）、张诚《对鞑靼的历史考察概述》（第39页）以及张诚1688~1698年在《尼布楚条约》谈判期间及其后在满洲和蒙古地区旅行的八篇行记（第103~438页）等。

总之，该书内容丰富而系统，又用18世纪流行的法文出版，加上装帧精美、印刷考究，正文之外，书末还附有供查阅的索引，是那个时代关于中国知识的最畅销的书籍之一。

五、东学西渐——中国文化对欧洲的影响

17世纪、18世纪有关中国的知识和中国的思想的作品被大量介绍到欧洲，恰逢其时地碰到欧洲风起云涌的启蒙主义思潮。启蒙主义思想家在构筑自己思想体系的大厦之时，无论赞成派还是反对派，总要把中国作为参照系。在他们的著作或言论中可以明显地发现中国文化对西方所产生的影响。

欧洲知识界最早认识到中国文化对西方文化的重要意义的，当推德国著名的哲学家莱布尼兹（Goeefried Wilhelm

Leibniz，1646~1716）。与当时欧洲其他关心中国事务的知识分子一样，莱布尼兹阅读了基尔谢的《中国图志》，阅读了柏应理在欧洲出版的《中国哲学家孔子》。后书出版于1687年，收入了孔子传记及《大学》《中庸》和《论语》的拉丁文译文。莱布尼兹与在华传教士的通信频繁，《莱布尼兹中国通信集》收入的往返书信达70封之多。从他同白晋关于《易经》的讨论中可以看出他对中国文化的钻研已经花了相当气力。

1697年，莱布尼兹甚至出版了一本《中国近事》。该书序言充分表达了他对中西文化交流的热切愿望。他认为中国人长于伦理道德哲学和政治哲学，而西方则长于思辨哲学、科学和技术。认为中国与欧洲代表了人类文化的两个高峰，如果中西之间加强合作，加强文化交流，便可以达成一个完美和谐的世界。他主张不仅西方要派教士到东方去传教，也应该请中国人到西方来传授道德理性。莱布尼兹从白晋寄给他的六十四卦中，看出中国古代已有二进制数学的思想，只是早已湮灭无闻，现在经他重新发现，但他请白晋转告中国皇帝，其发明权仍应归属于中国人。

18世纪启蒙思想的中心是在法国。法国启蒙思想家伏尔泰、孟德斯鸠、卢梭及百科全书派的狄德罗，重农主义思想家魁奈等，都对中国思想有所论述。

伏尔泰（Voltaire，1694~1778）是18世纪法国启蒙运动的精神领袖，也是那时倾心于中国文化的代表性人物。他是站在反对宗教神学的立场来援引中国的。他称赞中国历史悠久，有可信的历史记载，用以批判天主教的神话；他称赞中国人的自

第八章 交光互影

然宗教、道德哲学和宽容精神,抨击天主教对异端的迫害;他称赞中国的圣君贤相,甚至还写信对中国皇帝的开明发出由衷的赞叹,目的在于为实行其开明君主政治的理想呐喊;他赞美中国是"举世最优美、最古老、最广大、人口最多和治理最好的国家",其潜台词是在批评当时君主专制主义和神权主义的法国现实。所以他在《风俗论》中说:"哲学家在那里发现了一个道德和哲学的世界。"最能说明问题的是伏尔泰亲自改编的《中国孤儿》,该剧的蓝本是元曲作家纪君祥的《赵氏孤儿》,不过伏尔泰将春秋时期的故事移花接木到了蒙元时代,用以表现成吉思汗在文明理性的感召下而被归化的思想,旨在表现"文(明)野(蛮)之争"。所以该剧又称"孔子之道五幕剧"。

与伏尔泰称赞中国相反,卢梭(Rousseau,1712~1778)、孟德斯鸠(Montesquieu,1689~1755)都激烈地抨击中国文化。孟德斯鸠从构筑他的国家及法权关系理论体系出发,来剖析中国文化,包括中国的政体、道德、法律和风俗。他指出,法律规定"公民"的行为,风俗规定"人"的行为;而风俗与礼仪的区别则在于,风俗主要是关系内心的动作,礼仪则主要关系外表的动作。而在中国立法者那里,把法律、风俗与礼仪都混在一起:"他们的风俗代表他们的法律,而他们的礼仪代表他们的风俗,中国人把宗教、法律、风俗、礼仪都道德化了,从而构成了所谓礼教。"中国人把整个青年时代用在学习这种礼教上,并把整个一生用在实践这种礼教上。文人用之以施教,官吏用之以宣传;生活上的一些细微的东西都包括在这些礼教之内,所以当人们找到使他们严格遵守的方法的时候,中国便治理好了。我们只要读一下《四书》——最早被译成欧洲文字并广泛流传的儒家经典，就不难发现，孟德斯鸠确实是研读了儒家修齐治平、格物致知与正心诚意等学说后才得出这番心得的。

对孟德斯鸠严厉批评中国社会和法律的观点加以反驳的，是法国政治经济学家、重农主义学派创始人魁奈（Quesnay，1694～1774）。魁奈在古稀之年发表《中国的专制政治》（1767年）一书，认为中国的皇帝需受天理的支配，因而中国的政治是合法的专制主义，中国皇帝是合法的君主，并说"中国的法律完全建立在伦理原则的基础之上"。他还赞赏中国的谏官制度，臣僚进谏，皇帝纳谏，这是中国实行开明专制的证据。

魁奈非常赞赏中国古代重农主义传统和历代推行的以农为本的政策。他认为只有农业才能增加社会的财富，工商业可以放任不问，这里可以看到中国重农抑末思想的影响。他认为中国社会之所以安定，是因为中国只向土地所有者的纯产品收入征税，这种说法是出自《周礼》关于均田贡赋法。魁奈以此来为他实行单一土地税政策张目。重农主义学派借鉴中国经验的主张在杜尔阁（1727～1781）出任财政部部长时曾进一步付诸实施。杜尔阁写给两位留欧青年的指示中，列出了52条关于中国农业经济和工艺问题的调查提纲，其中包括中国土地、资本、劳动、税收、印刷、造纸和纺织等方面。由于法国政府的鼓励，传教士们也有意搜集中国农业方面的材料寄回欧洲，杜哈德《中华帝国详志》及《北京耶稣会士中国报告》中关于中国农业水稻、茶叶、农具和仓储方面的材料，就是在这种背景下出现的。

17世纪、18世纪欧洲启蒙运动期间，在哲学与社会思想冲

第八章　交光互影

破宗教神学的束缚和专制主义的桎梏的同时，欧洲的艺术也向往个性解放，表现在艺术风格上就是从巴洛克（Barogue）风格向洛可可（Rococo）风格的演变。而在这一艺术形成与风格的递嬗中，中国工艺品魅力起了重要的催化作用。

从17世纪中叶起，中国的丝织品、瓷器、屏风、家具、壁纸、扇子等大量涌入欧洲各国，为上层人士所喜爱。中国艺术品的淡雅之美很快在洛可可艺术兴起的中心法国产生共鸣。洛可可风格不主张刻板规整划一的艺术模式，中国花鸟纹样的自由舒展正好投其所好，并被用来取代那种整齐对称的几何图案。法国画家华托（Watteau）的作品喜用淡雅的色调、轻浅的行云和纯朴的山景构成烟雾的画面，有一种幽雅、清新的韵致，颇似宋人的山水画。中国艺术的影响当然更多地表现在绘画题材上，画家布歇（Bucher）设计了一套题为"中国色彩"的壁毯；还有的画家在作品中表现中国皇后亲蚕，中国的农妇与儿童；等等，表现出浓厚的中国趣味。

在建筑园林方面，中国工艺也有影响。当时的王公贵族及富贵之家，都喜用中国式壁纸装饰房间，室内中国漆器家具与瓷器，也成为人们的时尚。法国之外，英国、德国、奥地利等国的宫廷里都有大量的中国工艺品，至今仍存放在这些宫室里供人们观赏，成为中西文化交流的历史见证。在园林艺术方面，中国影响在英国的"中国式公园"上表现得最为淋漓尽致。传教士王致诚盛赞中国圆明园的书札《中国皇帝游宫写照》（1743年），1752年，英文节译后改为《中国皇帝的北京园林》，为欧洲崇尚自然、追求"不规则之美"的新园林运动推波助澜。

155

当时甚至出现了一些探讨中国园林设计的专门书籍，如《中国式园林建筑》《中国建筑和哥特式建筑》《新设计十二例》《中国设计新图册》等。而具体的园林建筑，要以位于伦敦西郊的丘园（Kew Garden）最具代表性。

丘园的设计者是英国王家建筑师、《中国房屋、家具、服饰、机械和家庭用具设计图册》（1757年）一书的作者钱伯斯（William Cambers）。钱伯斯曾到过中国，他设计的丘园，模仿中国式庭园风格，于院内设置人工湖和假山，缀以曲径凉亭。特别是湖畔高达10层的四角形中国塔，有63英尺（1英尺≈0.3米），塔的四角缀有80条小龙，龙口含着银铃；塔的旁边有孔庙一座，上绘孔子事迹，具有浓郁的中国风格。德国基尔大学的一位美学教授当时就称赞此园"一湾流水，小丘耸然，灌木丛生，绿草满地，林树成竹，盎然悦目"。钱伯斯由于此园的建筑也声誉日隆，他于1772年出版了《东方园林概论》，进一步表达了他对中国园艺师的赞美和对东方园林的看法。

总之，由于耶稣会士的报道和中欧之间经济文化联系的加强，18世纪的欧洲兴起了一股中国风。在西方文化于明末清初大量传入中国的同时，中国文化对启蒙时代的欧洲的社会生活和思想文化也产生了重大的影响。从很大程度上来说，当时东学西渐的冲击甚至比西学东渐的影响还要强大。它构成了近代以前中西文化交流史上十分引人注目的尾章。

第九章

明清中国人的欧洲观

第九章　明清中国人的欧洲观

　　公元16世纪至18世纪有一个中西文化交流互影的历史时期：一方面，中国文化在文艺复兴和启蒙时代的欧洲广泛传播；另一方面，从明朝万历到清朝乾隆，中国人对西方物质文明和精神文化也有了初步的认识。中西文化出现了双向交流的热络局面。与19世纪中叶以后睁眼看世界的中国人不同的是，后者是比较主动地去了解世界的形势，而明清时期，欧洲文明的东传使者乃是西方的耶稣会士。那么，这些耶稣会士究竟向中国介绍了一些什么西方知识呢？19世纪中叶以前，中国人对欧洲文明究竟有多少了解呢？

一、地理位置与民族区别

　　中国人自古以来在地理上以中国为天下的观念与其文化上的华夏中心观相辅相成，欧洲人来华按理首先会直接冲击中国人的地理观，但事实上并没那么容易。明末首批与利玛窦接触的士人虽然知道了利玛窦来自遥远的西洋，但多数人对这个西洋相对中国的实际距离不甚究心，同一时期就有二万里、六万里、八万里、十万里各种说法，甚至更夸张地说"去中国不知几千万里"，艾儒略之时又有了九万里之说。对数据精确性的漠视，也是轻视这个地方的一种表示。即使看过利玛窦的世界地图，也依然用古代四大部洲之说来统属西洋，"近见利玛窦所作寰宇图，欧海诸处实系海中之洲屿，乃四洲之部属，昆仑麓而错处者"，似乎连质疑中国中心地位的念头都没有。不过偶尔有人已能认知传统意义上的"西洋"与欧洲所处之"西洋"不同，"其国名欧罗巴，去中国不知几千万里。今琐里诸国，亦称西洋，与中国附近，列于职贡，而实非也"。直到艾儒略《职方外纪》问世，方有深奉西学西教者明确指斥传统地理观之非，"尝试按图而论，中国居亚细亚十之一，亚细亚又居天下五之一，则自赤县神州而外，如赤县神州者且十其九，而戋戋持此一方，脊天下而尽斥为蛮貊，得无纷井蛙之诮乎"！但要注意，除艾儒略自序外，为《职方外纪》作序写跋者六人，三位为奉教人士，三位为西学之同情者，但大胆持上述言论者亦仅一人。

延至清初，中国人对有关"西方"或"西洋"的地理概念仍是漫不经心，尽管除传教士外，欧洲国家来华使团也日渐增多，最典型的是荷兰的遭遇。清初之人对远在欧洲的荷兰国与历次派遣使团的巴达维亚殖民当局总是混淆，而且似乎也无意澄清。康熙年间的王士祯记"台湾……其水道则东连日本，南邻琉球、暹罗、吕宋、荷兰诸国"，此概以荷兰在东南亚的殖民地为荷兰本土。其实每次荷兰使团都是由巴达维亚殖民当局与荷兰东印度公司共同组建，而且荷兰人也无意避讳自

第九章　明清中国人的欧洲观

己来自巴达维亚。少年康熙在1667年接见荷使时曾问起荷兰与巴达维亚相距多远，并问是谁派遣的使节。荷兰人坦率回答说使节是为荷兰国王效命的巴达维亚总督所派遣，以总督名义写的荷兰表文中也注明自己是印度地区的统领。但这似乎并无助于中国官员们记得荷兰与巴达维亚是两个不同的地方，他们一贯称巴达维亚总督为"荷兰国王"，如总督约翰·马绥克（John Maatzuiker）被称为"荷兰国噶喽吧王油烦吗绥极"（或"甲娄吧王"）。事实上，也许在他们的意识中，只有一个国家才有资格朝贡吧。另外，康熙六年荷兰使团带来的大马和小牛在中方诸多记载中都被归于"西洋"或"荷兰"，然而荷兰使节曾清楚地回答鳌拜等人，这些马和牛来自波斯（Persia）和孟加拉国（Bengal）。

　　对欧洲内部各民族国家的含混，同对欧洲地理位置的模糊恰相对应。利玛窦来华时，天主教会仍自视为整个欧洲的代表，而且至少在表面上仍维持这一地位，作为教会代表的耶稣会在原则上也是要淡化成员内部的民族和国家观念，同时利玛窦为了不被自视大国的中国人轻视，有意识地塑造一个至少在地域范围上能与中国匹敌的西方国家。种种原因加在一起，自利玛窦起，耶稣会士就有意混淆欧洲与个别欧洲国家这两个概念，使中国人长期以来将欧罗巴视为一个国家。如沈德符名利玛窦之国为欧罗巴（李日华称为欧海国），谈迁亦称汤若望为大西洋欧罗巴国人，实则两人分别来自意大利和日耳曼。然而更多的人连大西洋与欧罗巴也不区分，只是泛称"泰西""西海""大西洋国""大西国"，而这些又实为耶稣会士常用以自称

161

之名，如《西国记法》中署名"泰西利玛窦"，《职方外纪自序》中落款"西海艾儒略"，庞迪我和熊三拔在奏疏中自称"大西洋国陪臣"，《熙朝定案》题为"远西臣南怀仁谨奏"，《不得已辩》自叙"极西耶稣会士利类思著"，不一而足。应该注意到，艾儒略在1623年已经郑重声明"天下第二大州名欧逻巴……共七十余国"，但这种纠正看来起不了实际作用，传教士出于方便权宜、中国人出于观念固着，都更愿意使用"大西洋国"这类称呼。如果说今天的西方人强调其不同国家和地域的内部差异，而不承认存在一个与"东方"相对立的整体的"西方"，那么追究中国人产生这一"西方"观念的原因，推本溯源免不了要让利玛窦等人负最初的责任，即便是艾儒略一一介绍欧洲各国，他也着意强调各国在制度、文化、信仰上的共性。

然而随着中世纪结束，教会的控制权衰落，欧洲人越来越强调自己的国籍，连耶稣会这一忽略国界的组织到18世纪也为此频生纠纷。但中国人对西方是一个整体这一认识却不因欧洲内部民族国家的蓬勃兴起而发生突变。一个颇具典型性的事例是，1700年成立的法国传教区因始终努力开辟新住院而不断与中国副省的葡萄牙籍长上发生摩擦，问题终于在1713年10月大爆发，竟至耶稣会士们上奏康熙帝以求裁决，问题的核心为是否允许法国人独立于中国副省。1714年3月，康熙帝在与诸传教士的一次晤面中坦言，自己只知道西洋人，不了解法兰西和葡萄牙这两个国家，当有传教士力图提到西班牙时，康熙帝仍然表示不知道这些国家，也表示自己不知道中国有各种宗教修会。他只知道法兰西人和葡萄牙人是在中国的西洋人中人数较

第九章　明清中国人的欧洲观

多的两个民族,并且认为这两群人应当人数持平,而且应服从他们共同的领袖"会首",即整个耶稣会的领袖,在一个大家庭内"不分彼此"地和谐相处。上述回答被称为"一位满族皇帝对西方人关于头衔与国家的区分与再区分给出的儒家式答复"。

二、风俗与物产

在与传教士来往过的中国士人中,李日华恐怕是最早记欧洲制度之人,"大西国在中国西六万里而遥,其地名欧海国,列三主,一理教化,一掌会计,一专听断。人皆畏听断者,而教化、会计独尊等耳。旁国侵掠亦听断者征发调度,然不世及,其人素有望誉,年过八十而有精力者,众共推立之,故其权不久,而劳于运用,人亦不甚歆羡之"。利玛窦并未记录与李日华谈话内容,这里的教化、会计、听断三者各自所指尚难断定。清朝文献通常将罗马教皇称为"教化王",但此处所叙之"听断者"大权独揽且推举有声望之人担任,却更像教皇。"旁国侵掠亦听断者征发调度"一条,欧罗巴的旁国应是指欧洲周围的伊斯兰国家,与教皇组织十字军东征颇相类。而且李日华对"听断者"的描述与艾儒略《职方外纪》中对教皇的描述很相近,"教皇皆不婚娶,永无世及之事,但凭盛德,辅弼大臣公推其一而立焉。欧逻巴列国之王虽非其臣,然咸致敬尽礼,称为圣父神师,认为代天主教之君也,凡有大事莫决,必请命焉"。若听断者果是教皇,则所谓教化、会计者有可能是指教廷枢机团中分理行政与教务的执事与司铎。若以教化者指教皇,以听断者指当时仍统治意大利的神圣罗马帝国皇帝，会计却仍不知所指。唯其时之神圣罗马帝国皇帝势力岌岌可危，似不享有人皆畏惧之尊荣。而且以利玛窦扬教之心，述教廷机构有可能，述世俗政权则显勉强，尤其不大可能将世俗君主提到与教皇并驱甚至超越教皇的地位。李日华亦略记大西洋物产，"地多犀象虎豹，人以捕猎为生。亦有稻麦菜茹之属"，似乎是将其归置于中国西北蛮荒之地的游牧民族一类。但艾儒略在《职方外纪》中言整个欧洲"土多肥饶，产五谷，米麦为重，果实更繁"，强调这是块农业经济发达的土地，西北欧诸国土地虽薄，但富产牛羊鹿鱼，绝没谈到犀象虎豹之属。看来利玛窦是没有专心对李日华讲述欧洲风物，而李日华则出于自己的文化优越感发挥了一些想象，艾儒略当然也是有意塑造欧洲的理想国形象。无论如何，自1623年艾儒略《职方外纪》刊行，中国士人才能较多地了解欧洲及世界其他地区的风物民情。

《职方外纪》是第一本用中文写成的世界地理著作，较为详尽地介绍了各国风情、世界地貌、文化物产，以对欧逻（罗）巴介绍得最为详细。此书在中国流传很广，受到中国士大夫的极大重视，但士人们把它置于什么地位，就不好一概而论了。在对《职方外纪》进行高度评价的几篇序言中在在流露出这是一部令人不可思议的奇谈怪论之书，"皆吾中国旷古之所未闻，心思意想之所不到……可谓人间世之至吊诡矣"，"种种咸出吊诡，可喜可愕，令人闻所未闻"。既然是僪诡之书，就很容易被一般士人目为齐谐志怪一流，而这是作序者（尤其是奉教人士）想极力预防的，所以又说"然语必据所涉历，或彼国旧闻征信者"。还有更进一步的提醒和告诫,"彼浅尝者,第认为辎轩之杂录,博物之谈资,则还珠而买椟者也","如第以娱心志悦耳目也者,则虽上穷青冥,亦《山经》、《穆传》之馀魂,下极黄垆,亦志怪、齐谐之剩馥"。不过虽无确切证据,根据中国士人对西学的一般心态却可猜测,只以此书为娱悦心目之物的浅尝辄止、买椟还珠者当不在少数。

类似《职方外纪》的作品后来还有一些。艾儒略1637年刊出《西方问答》,分上下两卷分条介绍西方的风土国情,涉及有关地理地貌、物产、制度、礼俗、衣食、教育、文化、法律等方面的40多个问题。康熙帝向传教士了解西方风土人情,利类思、南怀仁等就节录《西方问答》相关内容,撰成《御览西方要纪》一书。南怀仁于1672年出版《坤舆图说》两卷,上卷为自然地理,下卷为人文地理,体例与《职方外纪》相似,分别介绍五大洲诸国、山川、民风、物产。在这些文字介绍之外,历次使团的贡物其实是中国人认识西方物产的直接而又重要的渠道。

清初来访频繁的是荷兰使团,据康熙六年(1667年)和二十五年(1686年)对荷兰贡物的记载,主要包括各类纺织品、各式火枪、玻璃制品、珊瑚琥珀象牙等装饰品、各式花露、葡萄酒。康熙六年的贡物中有几样颇能满足时人猎奇之心的物品,即荷兰刀剑与所谓的荷兰马与西洋小牛。刀剑被描述为"可屈伸萦绕如带",与嘉道年间的赵慎畛对英国刀的描述很类似,"英吉利国,冰铁制刀,纯软如绵,可围绕腰间",中国人在冷兵器制造上历史悠久,此时也不自觉服膺西洋人的工艺。四匹马据说是"凤膺鹤胫，日可千里""迅速异常"，四匹白色小牛的特异之处是"高一尺七寸，长二尺有奇，白质，斑文项，有肉峰"，文坛"海内八大家"之一、礼部尚书王士禛还特为此刀剑、大马与小牛各赋诗一首。然而，西洋纺织物虽然名目繁多（康熙二十五年的贡物中有17种纺织品），被青睐的似乎仅哆啰绒、织金毯、哔叽缎三种。荷兰提供那么多种纺织品也许有展示其贸易实力的意图，而各种新奇物品不过是为了引起兴趣，但是中国方面恰恰只关心奇巧之物，原因概如1793年乾隆帝答复英王乔治三世时所言"天朝物产丰盈，无所不有，原不假外夷货物，以通有无"。

对荷兰人而言比较可惜的是，他们没能有意识地了解和利用中国人的喜好来帮助自己达成使命。1686年，康熙帝正处在对西洋音乐和西医的迷恋中，而对钟表等机巧之物的喜爱则由来已久。巴德斯使团献上了钟表，一位德国士兵和一位爪哇奴隶分别演奏了小提琴和竖琴，使团副使就是一名医生，这一切都引起了皇帝的兴趣，然而使团根本没有以此为契机谋求与皇帝的进一步接触，在运用这种策略方面，耶稣会士着实要高明许多。

三、火炮制造

欧洲火器技术在明末清初中国面临外敌内乱，急需加强军事的进攻防卫力量时，被中国政府和文化圈中的开明人士认识并接受利用。西洋火炮即佛朗机，最初传入中国是在1517年葡使皮雷斯使华之时。1521年，中国开始仿制佛朗机，时因与葡萄牙海盗作战而败于其火铳，由此知晓其威力，"其铳管用铜铸造，大者一千余斤，中者五百余斤，小者一百五十斤。每铳一管，用提铳四把，大小量铳管，以铁为之。铳弹内用铁，外用铅，大者八斤。其火药制法与中国异。其铳一举放远，可去百余丈，木石犯之皆碎"。于是海道宪帅汪鋐设法找到懂得制炮之人进行仿制，并凭借这种火炮在次年的战争中获胜，"有东莞县白沙巡检何儒前因委抽分曾到佛郎机船，见有中国人杨三、戴明等年久住在彼国，备知造船铸铳及制火药之法。令何儒密遣人到彼……谕令向化，重加赏赉。彼遂乐从……接引到岸，研审是实，遂令如式制造。鋐举兵驱逐，亦用此铳取捷，夺获伊铳大小二十余管"。

利玛窦于1607年作《译几何原本引》时介绍了欧洲的兵防思想和火器技术，徐光启、李之藻、孙元化都直接或间接地从利玛窦处学习火器思想。天启元年，李之藻曾上疏论证火铳作为城防力量的重要性。1619年，后金在萨尔浒大败明军，震惊之余，明廷于次年一面增兵赴辽，一面命徐光启练兵。在徐光启奏请下，龙华民、阳玛诺、罗如望被聘为炮师并招进京，此外还有六名传教士在徐光启邀请下，以炮师名义秘密从澳门来京。徐光启本欲让他们在北京造炮并操练炮手，但因各种原因，建台和造炮两事直到1621年6月都未能开始。

徐光启计划的第二部分是从澳门购买西铳，首次于1620年10月购得4门葡国火炮，澳门方面派铳师四人和兼伴通事六人护送，但1621年7月和12月才分两批运至北京。由于军情紧急，

167

孙学诗旋即奉旨再往澳门求购不易炸膛的铜铳，并选募能制造和操作火器的葡人来京。天启三年（1623年）四月，26门大铳和24名铳师自澳门到京，并开始教中国士兵习练炮术。这30门大炮有一门在1624年的演习中炸裂，有11门调往辽东，在天启六年（1626年）正月的宁远战役中大显威力。西洋火炮在宁远大捷中的优异表现促使朝廷在当年六月命孙元化多造火器，西洋火器于此开始在朝廷占据重要地位。崇祯元年（1628年）七月，朝廷又派广东官员到澳门购募炮师和大铳，此次有31名铳师、工匠和兼伴携各式火铳37门，于崇祯二年二月自广州启程，但因火炮沉重而行进缓慢，直到崇祯三年正月才抵京效命。此时前线战事已经极为不利，于是徐光启在四月又奏准派人同陆若汉再赴澳门置办火器和聘请西人，十月陆若汉即召集一支由100多名葡国军士和约200名随从组成的远征军自澳门出发。但与此同时，徐光启积极引进洋兵的做法已遭到保守派抨击。待澳门远征军于崇祯四年（1631年）行至南昌之时，即以战情趋缓和保守派的激烈反对而遭遣返，唯陆若汉等少数几人坚持进京复命。徐光启自此之后不再积极过问兵事，明末由他筹划的几次购炮募兵活动亦到此为止。

明末所购之西洋火器在抗金战争中发挥了一定所用，但终于因为其他比兵器更为重要而未能借之挽回大局。即便是在事关国家危亡存续的关头，文化上的华夷之争仍不能停歇，无端耗散各方力量，而最终结果是文化本位心态占据上风，则引进西法的权宜理由也变得可疑可憎，在有限的引进中更充满了自以为是与一知半解，引进的结果以悲剧成分居多。

第九章 明清中国人的欧洲观

徐光启于天启初年设想的铸炮计划直到1636年才真正得以实施，时因锦州失守，危及京都，城防官招汤若望和罗雅谷征询城防建议，汤若望提出用大型火炮防守北京。随后崇祯便诏令汤若望铸炮，汤若望征得传教区长上同意后接受任务。崇祯满足汤若望制炮的一切需求，并在皇宫旁设铸炮厂一所。汤若望历时两年，制成能容40磅炮弹的大炮20门，可供士卒二人或骆驼一头背负之小炮500门。汤若望因此深得崇祯嘉许，1639年赐其金制匾额二方，其上文字一旌其功，一颂其教。汤若望在铸炮实践之外，还口授焦勖书就《火攻挈要》，1643年首刻题为《则克录》，1647年重刻始名《火攻挈要》。此书详述各种火攻武器的制法及使用规则，尤其力图传授西法的"法则规制"，即火器制造与使用中所依据的数学、物理、化学、冶金知识。

帮助中国人制造火炮的耶稣会士当推南怀仁最出色，不仅制造的数量众多，而且所制之炮发挥了重大实际作用。南怀仁制炮始于平定三藩之乱初期，当时所用为徐光启、汤若望时代的老炮，因没用多久就破损而被送到北京，南怀仁奉康熙帝之命对150门旧炮进行除锈修复。随后康熙帝鉴于战场地形又在1674年8月命南怀仁铸造适合高山深水之用的轻便炮，南怀仁设计并制造出20门炮弹仅为2斤、炮身部分为木制的轻型炮，试放时命中率达90％，后在平藩战役中被评为得力实用。同年，陕西平叛急需威力强大的红衣炮，南怀仁在28天内制成20门。1674~1676年，南怀仁制造木制轻型炮和红衣炮共132门。1680年冬，康熙帝命南怀仁为进剿台湾和收复东北失地而决定

169

铸炮320门，1681年9月制成20门"神威将军"战炮。南怀仁因此功绩被授工部右侍郎衔并掌铸炮之事。1685年，雅克萨战事起，南怀仁造成红衣炮53门。1686年，铸造两门能发射30斤炮弹的平底冲天炮。1687年，南怀仁受命铸造发射3斤重炮弹、体重千斤以下的铜炮80门，但他于次年去世而未能亲自完成这项任务。不过1689年造成的61门"武成永固大将军炮"（大型火炮）和80门"神功将军炮"（中型火炮）当然也是南怀仁铸造法下的产品。据研究，南怀仁在华期间共制炮566门，而康熙朝所造的905门火炮中半数是由南怀仁负责设计制造。南怀仁铸造的火炮在收复雅克萨的战役中发挥了关键作用，曾两度轰塌城墙而从俄军手中收复该城。他设计建造的火炮有三种被列入《钦定大清会典》。

1675~1721年，康熙政府制造的火炮在规模、种类、数量、质量及制作工艺都达到清代火炮发展的最高水平，而南怀仁对此功不可没。南怀仁曾撰火器专著《神威图说》，讲述"准炮之法"，但此书不见流传。不过其《穷理学》中也有篇章论及此"准炮之法"，及关于炮的瞄准之法和放炮时炮管仰角度的调节之法。此法至乾隆朝仍得到很高评价。火炮技术之所以被中国政府青睐，在于它对国防和战争的重要贡献，但战事平息之后清廷对南怀仁传入的火炮技术恐怕仍是束之高阁，在晚清重新引进西方枪炮之前，在这方面没什么进一步的探索与创造。而与制炮有关的各项工程技术也不能传入民间，更无助于推动全社会的技术进步，南怀仁撰《神威图说》原希望其中解说的各理论法则能够流传，不想被康熙帝"留览"后便再无下文，不

第九章 明清中国人的欧洲观

仅没有刊刻,而且原稿都最终佚失。难怪有人认为康熙帝热心招揽懂科学技术的耶稣会士供奉内廷,就实质而言与历代帝王纳各种方术之士于宫廷并无二致,虽具体技艺和事务不同,但皇帝以奇人异士炫耀天下的心态相同,持这种古老的心态自然不能指望他做出开创性的近代事业。乾隆帝在招揽身怀绝艺的耶稣会士这一点上正如他在其他许多方面的作为一样,有效仿祖父之心,只是他的智能和识见远不及康熙帝,无法钻研天文、数学等科技知识,只好对各类"奇技淫巧"更感兴趣。有人总结说康熙帝引进西方科学没有超越实用知识的范围及猎奇赏玩的限度,而雍乾时代留京的耶稣会士则等而下之,沦为宫廷画师或工匠整日为皇帝制作各类玩赏品,"所以在大地测量和历法问题基本解决之后,西学东渐的事业就日渐低落",真是一点不错。

四、钟表机械

1581年,罗明坚为广东总督陈瑞献上一座带车轮的大自鸣钟,此举与陈瑞许其居住广东不无关系。1601年,利玛窦进京为万历帝贡上一座有驱动坠、一刻一击的铁钟,万历帝欢喜之余将钟置于身边还让人观赏。金尼阁则在1621年带来一具堪称艺术品的多功能钟表,钟内刻森林之神射箭报时,还能自动表现天体运行,被作为礼物献给崇祯帝。洋钟以其新奇精巧,初入中国就大受欢迎,一时成为皇帝和朝廷中人争相谈论之物。当时传入的自鸣钟大致有桌钟和乐钟之分,前者自动报时,后者增加了报时之时的音乐伴奏功能。此外还有手表、大小铜器规、月影、鹅卵沙漏等各种计时器。金尼阁还带来一些自行活动的小玩具和自行演奏的小乐器。入清后西洋机械制品仍是传教士用来讨好新主的重要物品,汤若望、利类思皆有巧物赠顺治帝,安文思更以擅长机械制造而负责为顺治帝、康熙帝管理钟表和机械制品。

康熙帝将擅长制造的传教士和中国工匠纳入原只负责绘画的如意馆工作,不断为其制造新奇物品,"又设如意馆,制仿前代画院,兼及百工之事。故其时供御器物,雕、组、陶埴,靡不精美,传播寰瀛,称为极盛"。康熙朝曾有四位耶稣会士机械钟表师在如意馆工作,为皇宫制作了西洋钟表、千里眼(望远镜)、显微镜、寒暑表、自行船、西洋刀剑、天地球仪、自行人、八音盒、各式测量仪器等,尤以钟表最博皇帝及后妃欢心。禁教严厉之如雍正帝,亦不舍得将钟表机械专家也驱至澳门,反到他在康熙朝所设负责贮藏管理钟表的自鸣钟处开办钟表作坊,专事钟表修造。雍正十年,钟表作坊改称做钟处。乾隆九年则将自鸣钟处和做钟处分设为两个机构。做钟处的任务就是按照皇帝的要求制造修理所谓"御用钟"。乾隆朝先后在做钟处工作的传教士有一名传信部传教士、两名耶稣会士、七名遣使会士和奥古斯丁会士。他们不仅要做钟修钟,还要竭尽全力设计制造奇巧器物讨好皇帝,当然是成果斐然,奇思妙想亦层出不穷,例如擅长磨制玻璃水晶的法国耶稣会士纪文1740~1758年在宫廷终日"制造各种玻璃,最雅致与最难制造者,皆其手自为之",所制玻璃器陈于正殿与欧洲所贡精品相辉映。只是可

第九章　明清中国人的欧洲观

惜了这么精妙的技术和创造只能被封闭在宫中。

清朝社会曾出现过一种追求西洋货的风气，有些工匠也仿制欧洲机械钟表、眼镜甚至望远镜，比如广州出现了修钟的造钟业，称为"广钟"，随后苏州也制造出"苏钟"，但因无法掌握其中技术，知其然不知其所以然，所以模仿起来不仅费时而且效果不好。不过钟表技术还算不错，当时传入的其他欧洲设计和制造技术离中国人的生活就更远了。传教士引进与仪器制造相关的机械技术20多项，包括螺旋、金属切削加工等应用范围广阔的重要技术，但它们都没能在中国广泛传播或变成工匠的技术。首要原因是一般工匠没有机会与传教士技术专家交流，对传教士的工作了解很有限，其次则是中国成熟的传统机械技术基本上满足了以小农经济为主体的明清社会的需要，所以会有人率先追逐钟表、眼镜之类物品而不是其他。

其实从明末开始传入中国的工程机械技术并不少，熊三拔在《泰西水法》中介绍了三种水力机械：螺旋式提水车龙尾车、利用气压原理从井中提水的玉衡车和恒升车。这些水力机械是基于螺旋原理、气体力学、液压技术等近代物理学和机械学的最新成果而制作，体现了17世纪欧洲科学的最新成就。可是它们在中国没产生什么影响，因为技术过于精深，就算几个士人看到其实用效果与重要性，一般工匠农人不谙算理又无人传授，如何能仿制？龙尾车曾被用于蒋友仁为圆明园喷泉设计的水动力系统中，但在蒋友仁去世后便立刻无人会操作，原本是机械提水的喷泉系统只能在必须开放时由人工注水来维持，简直是对蒋友仁巧思妙技和艰辛劳动的嘲讽。蒋友仁制造的整个喷泉系统本是一项高技术工作，但再高的技术含量也只不过成为皇家园林的装饰，技术本身并不能令乾隆帝愉悦，更不会想到派人学习钻研继承与传播这些技术。除水利机械，方以智曾在《物理小识》中介绍西方的螺旋起重机。王征和邓玉函合著的《远西奇器图说》是中国第一本力学与机械学专著，也是西方当时及古典的物理学、力学和机械学知识总汇。方豪称之为"当时世界最新之物理学书"。王征的原则是择有裨民生日用的实用机械而录介，此书曾被多次翻印，但得以仿制应用的技术仍是极少，仅木牛、水铳、风车等切于农耕生活之需的简单器械。

综合以上数点，可知从利玛窦的世界地图，到南怀仁的《坤舆全图》，虽然传教士已经把五洲四海介绍给中国人，但是并没有改变中国皇帝和官僚士大夫的天朝意识和天下观念，许多西方文明也曾给中国的学术带来了近代化的气息，但是并没有真正将中国带入世界近代化的潮流中。因为在这场中西文化交流过程中，真正称得上媒介的只有欧洲的耶稣会传教士。传教士介绍给中国的科学知识，只是教会所承认的那一部分。其范围也只是停留在上层少数有机会接触到传教士的士大夫中间。即使是技能方面的吸纳，也是受到皇帝兴趣的左右，往往局限于皇帝周围的一个小圈子里，其学习成果也多半是"藏在深宫人未识"，未能形成风气和潮流。显然，作为传播主体的耶稣会士并不是要把中国推向近代化的潮流才介绍西方文明的。他们的初衷只是传播上帝的福音，使中国人更加信服天主教，皈依天主教。加上中国的社会还没有发展到提出突破当时社会体制、进入近代化的历史要求。在传统的农业文明基础上,中国还保持着"康雍乾"的盛世繁荣。总之,明清时期西方文化包括天文历算知识的东来,虽然在思想文化上也有很重要的意义,但是中国人真正对西方文明的广泛接触和了解,是在19世纪后。

第十章

巡礼与反思：欧洲的中国观

第十章　巡礼与反思：欧洲的中国观

欧洲与中国处在大陆的两极，在文明形态上也有着极大的反差。欧洲对中国的了解虽然可以追溯到希罗多德《历史》中记载的很久远的时代，但是真正的接触只是在马可·波罗以后。而文化上的交流则应该是15世纪大航海时代的事情。就欧洲对中国的认识而言，18世纪上半叶可视为一个分水岭，也是一个过渡期，在此前后，欧洲分别处在两个不同的文化阶段，它看待中国的基本着眼点也因此有着显著的区别。回顾一下从那个时代以来欧洲对中国的种种观念，着实可以让我们感觉到"变色龙"的变化。不过，变化的不仅是中国，还包括欧洲人的视角和立场。

一、早年的中国意象

截止到18世纪初，欧洲仍深受圣经神学观念制约，对待包括中国在内的异域文化的态度也在此制约之下。16世纪和17世纪，欧洲人虽然认为中国是个异教徒之邦，但又坚持基督教的普适性理想，故而试图在中国与欧洲间寻找相似性，并自认为找到了。这种相似性的基础是宗教的相似性，亦即不同地区的人对于上帝有着类似的需要和接受能力，它忽略文化的现实差异，其目的是试图将中国已有的宗教纳入基督教范畴。这种基于基督教普遍主义思想而产生的对相似性的认识，在耶稣会士具有特定意图的不断宣传之下更加强化。耶稣会士希望在不撼动中国原有文化的情况下将基督教平稳移植到中国，因此更注意在两者之间寻找可供嫁接的相似之处。他们还要把自己的一整套理念传递给欧洲的宗教赞助者和普通民众，以获取他们对自己做法的支持。结果在相当长时期里，欧洲人完全通过耶稣会士来认识和评价中国，脑子里完全被两种文明的巨大相似性所占据。无论耶稣会士还是欧洲本土的知识分子，一度沉醉于在中国古代宗教中寻找原始基督教的痕迹，在中国的上古史中寻找《创世记》关于人类起源故事的踪影，在汉字中寻找上帝和初民的声音，这一切都是直接在《圣经》背景下认识中国并彰显中国与欧洲之相似性的努力。流风所及，17世纪末期的普遍语言或哲学语言理想中即使不着眼于神学的相似性，也难免要把汉字作为代表整个人类文字发展过程中初级阶段的符号。但是这种寻找或构筑相似性的努力进入18世纪后就逐渐褪色，到18世纪中叶已经黯淡无光，取而代之的是日益强烈的对中西文化差异性和对立性的认识，而这种认识又成为19世纪、20世纪欧洲人认识中国的起点。

  18世纪中叶发生这种明显变化的原因有几个方面。首先，神权的急剧衰落和对教会的强烈敌对情绪致使人们有意否定与

第十章　巡礼与反思：欧洲的中国观

基督教神学有关的种种思想，包括其普遍主义思想。否认中西思想间的相似性在某种程度上就是对教会权威的挑战。其次，原先极力灌输中西宗教相似性的耶稣会士在时代变局中遭受巨大冲击，他们的失势直接导致了欧洲人对他们所塑造的中国形象的重新估价。最后，中西文化本身就存在巨大的差异性，18世纪时两者的社会发展趋势又截然不同，当极力寻找两者相似性的动机解除之后，它们之间的差异自然而然越发明显，直至建立起"中国是欧洲的对立面"这样一种认识。

"中国是欧洲的对立面"的认识一经形成，便一直延续至今。如果说在中国与欧洲寻找相似性是神权统治下的那个欧洲的产物，那么对中国与欧洲对立性的深切体会则可说是处于近代工业资本主义文明下的这个欧洲的产物，对中国不同的基本认识体现了处于不同文化时代的欧洲的特点。近代工业资本主义在人类历史的进程中其实只是产生于西欧的一个特例，但欧洲人自身对这种特殊性的感受会随着他们征服世界的旅程不断展开而日益强烈，将中国定位为欧洲对立面的观念也正是欧洲人对自身特殊性深刻领会后的一个投影。

将中国当作世界的另一极来谈论，这在18世纪的启蒙作品中已不鲜见。从19世纪到20世纪初，这种认识的强度更是有增无减。但值得注意的是，关于这种"对立性"的评价不仅因人而异，更是因时而异。中国从18世纪就开始成为欧洲人认识和反思自己的鉴照，同时欧洲总是基于自己的需要来决定对中国（以及其他异邦）的肯定或否定的态度。因此，在讨论18世纪以来欧洲人的中国观时，要一分为二，一方面是欧洲人对中国文明一些基本特质的总结和认识，如中国和中国人的特性、中国社会发展的特征、中国制度结构的特征等，这些知识比较具有恒定性，基调在18世纪时差不多都已定型，此后也没有大的改观。另一方面是欧洲人对这些基本恒定的内容的评价，或正或反，总不相同。

比如，伏尔泰就已经非常鲜明地把中国树为欧洲的对立面，认为中国自遥远的古代便不间断地探索各种技艺和科学并达到很先进的水平，但后来的进步却微乎其微；相反，欧洲人获得知识很晚，却迅速使一切臻于完善。伏尔泰由此确认，中国是早慧而停滞的，欧洲则是后学而富于创造性的。导致中国如此状况的原因有两点，其中一点就是中国人对祖先流传下来的东西怀有不可思议的崇敬心，认为古老的东西都尽善尽美而无须改进。中国人崇古且故步自封，在孤立主义中陷于静止。这些是伏尔泰对中国文明的基本看法，而它们也成为后来欧洲人对中国人的重要印象。事实上，维柯早于伏尔泰就已提到中国人直到几百年前都一直与世隔绝独自发展，因此文明的成就微乎其微。孟德斯鸠也认为，中国文明的古老和悠久源自地理原因所造成的对外隔绝和国内的贫穷，中国历史实际上是没有进步的治乱循环。在孔多塞的《人类精神进步史表纲要》中，中国文明兴起于游牧时代之后，并且始终没有脱离这个相当低级的阶段。

18世纪后半叶的欧洲作家也不断谈论中国的制度，并且将中国作为专制主义的典型，与欧洲追求或应该追求的政治精神相对立。孟德斯鸠谈论政体和制度时，指出欧洲历史上分别有

第十章 巡礼与反思：欧洲的中国观

共和、君主、专制的政体，但他最赞赏和提倡的是英国当时所实行的君主立宪制，认为这是由法律维护的、以理性为原则的政体形式；与这一欧洲的希望之光相反，中国是一个专制国家，而专制主义是一种令法律失效的制度，它的专制随着历史的发展会愈演愈烈。狄德罗和霍尔巴赫也都认为专制主义是中国和东方政治的典型特征，不足以成为欧洲的范本，而欧洲即使实行专制主义，也比东方的专制要谨慎、节制和有分寸一些。

关于中国人的性格，孟德斯鸠曾将西班牙人和中国人的性格作为两个对立面：西班牙人永远以信实著称，但不幸又懒惰，这对西班牙人造成的恶果是，别的欧洲国家抢夺了他们的贸易活动；中国人则恰恰相反，土壤和气候性质的关系造成了他们生活的不稳定，这使他们有难以想象的活动力（勤劳），但同时又有异乎寻常的贪得欲，结果没有一个经营贸易的国家敢于信任他们。中国人勤劳却生活贫穷，聪明却失于狡诈贪婪，这是一些启蒙作家对中国人的共识，也是借助以英国海军军官安森的游记为主的欧洲商人、水手、士兵的见闻得出的认识。

以上这些关于中国文明和中国人基本特征的认识深刻影响了后来的欧洲人，不管是不谙中文的欧洲学者，还是亲历中国的各类游客，不管他们以怎样的方法和立场来发挥引申，其基本模型都是18世纪所塑造好的。比如，关于中国人的性格，19世纪末期美国公理会传教士明恩溥（Arthur H. Smith）有一本名著《中国人的素质》(*Chinese Characteristics*)，他所总结的中国人性格特点包括爱面子、节俭、勤劳、知足常乐、对生活状态和对具体事情都有强烈的忍耐性、重视礼节、孝行仁慈、漠

183

视时间和精确性、天性误解、没有契约精神、拐弯抹角、因循守旧、柔顺固执、麻木不仁、心智混乱、互相猜疑、缺乏同情、共担责任（或者说株连）、敬畏法律等。这些看法在安森船长的游记和马戛尔尼使团成员的各种报告里都随处可见，只是明恩溥将它们系统化、专题化，作了更全面的描绘。而法国作家瓦莱里写于1928年左右的一段关于欧洲人如何看待中国人的总结更具代表性："他们既聪明又愚蠢，既软弱又有忍耐性，既懒惰又惊人的勤劳，既无知又机灵，既憨厚而又无比的狡猾，既朴素又出乎常规的奢华，无比的滑稽可笑。人们一向把中国看作地大物博但国力虚弱，有发明创造但墨守成规，讲迷信但又不信神，生性凶暴残忍却又明智，宗法制而又腐败。"这段话中更值得注意的是，所有评价都是以一组组对立的词语表达的，上述每一对特点在欧洲人看来都是不该并存的，但偏偏在中国人身上同时出现，这令欧洲人困惑不解。将中国人的特点以这种对立的方式来表达，本身就体现了欧洲人以为中国是超出他们理性理解范围的世界另一极。中国和中国人存在如此多对立特性给欧洲人带来的困惑使他们无法在自己认可的文明序列上定位中国。

除了中国人的性格特征，18世纪形成的关于中国文明静止孤立的看法，关于中国专制主义的看法，无不被19世纪和20世纪初的欧洲学者所继承。黑格尔有著名的"历史开始于东方，但东方在历史之外"的论断，而马克斯·韦伯则换了一个"家产制"的名词来继续阐述专制主义。

对中国的印象大致是如此了，但这些印象对欧洲人而言意

第十章 巡礼与反思：欧洲的中国观

味着什么，则又随时间变化，甚至在同一时代各人也有不同评价。伏尔泰指出了中国文明的孤立主义性质，但他对这种性质大体持赞扬态度。他把以中国为首的东方世界定义为一个以静止和孤立为准则的世界，这个世界与以积极活动和文化互动为准则的西方世界相对立，同时也是促使西方自我反省的必要参照。中国人的自给自足和由此而来的和平安宁，被伏尔泰用来抨击欧洲的贪婪和试图通过殖民活动征服全世界的冥顽欲念，他很是欣赏孔子的"己所不欲，勿施于人"的信条。然而对大多数正为欧洲那种生生不息的进步力量所陶醉的启蒙学者来说，中国的停滞与孤立更衬托出充满活力的欧洲文明的伟大与先进。孔多塞和吉本都试图论证欧洲目前的进步之途有足够的自我更新能力，不会像以往的各种文明那样陷于停滞、衰落乃至消亡，它所指示的是人类进步的新希望。基于这种乐观主义，中国文明的价值只在于它的"历史性"意义，它并不是当前历史进程的一部分，而只是欧洲人在确认自身发展道路之正确性时的反面对照物，也是欧洲人借以回顾自己的黑暗历史时的参照物，这种对立就类似光明的现代与黑暗的中世纪之间的对立，是时间上而非空间上的对立。所以孟德斯鸠、孔多塞、赫尔德、黑格尔接二连三地以中国与欧洲之间一静一动的对比来彰显近代欧洲的正确与伟大，欧洲人的好动、尚武、扩张全部成了优点，中国人那种深为耶稣会士和伏尔泰赞赏的和平主义精神相比之下就成了中国国力衰弛、国民懦弱的根源，而和平主义本身也成为与进取相对立、与停滞相关联的劣势特征。

然而，欧洲人的乐观主义情绪尚未持续太久，第一次世界大战那种几乎毁掉欧洲所有近代文明成就的结局便已促使欧洲人反思自己的进步理念与进步方式，当初伏尔泰对欧洲文明贪婪性的孤独的担忧之情此时得到许多人的响应，伏尔泰希望欧洲参照中国的静来反思自己过分的动，这一主张也被人重新提起。施本格勒在《西方的没落》中一反启蒙时代以来认为近代欧洲文明不会结束的乐观理念，认为西方文明已经完成其历史任务而正在走向没落。不过他倒没有把希望寄托在以中国文明来冷却西方的狂热上，他依然认为中国在历史之外，现存的中国是中华帝国暨帝国主义文明之一的伟大历史碎片，行尸走肉般存在于世间。瓦莱里则真正反思起西方人滥用物力，过分创造，不重视安宁与自由，也不尊重他人的信仰与利益，而以全人类的拯救者自居，结果导致一场令人类饱受蹂躏的大规模战争。对于西方人引以为傲的那种使事物永远更紧张、更迅速、更准确、更集中、更惊人的创造精神，瓦莱里对其结果和价值表示质疑。他还提到，中国人也因为这场大战意识到过于固执和持久被动的恶果，当他们苏醒后会给世界带来怎样的震荡还不可预料。但无论如何，人类的相互依赖性越发强烈已是事实，因此西方人应当收敛自己的贪欲，去重视另一个民族的生命力。他意识到传统和进步永远是人类的两大对立势力，过去与未来、旧与新都无时不在较量，并且谁也无法消灭对方，因此更需要去彼此理解和深入。瓦莱里依然强调东西方的对立性和本质上的不可融合性，但他不认为对立就是敌对，就是一方定要借助强势取消另一方，他认为对立双方可以试着去相互同情和了解。汤因比更进一步，提出了东方文明与西方文明的互补性，以及

第十章　巡礼与反思：欧洲的中国观

东方文明对于建设一个共同的世界文明的必要性甚至是主导性。他说东亚的很多历史遗产都可以使其成为全世界统一的地理和文化上的主轴，这些遗产之一就是中华民族那种在21个世纪中始终保持为一个迈向全世界的帝国的经验。请注意，这恰恰是长期以来被欧洲人讥诮为"停滞"的中国的可诟之处，但汤因比却让其升起为世界新文明的晨星。汤因比所说的其他遗产还包括中华民族的世界精神、儒教世界观中的人道主义、儒教与佛教具有的合理主义，而此前欧洲人只认为自己的文化中才真正有世界精神、人道主义和合理主义。汤因比的这些言论发表于1972年，可以说是在经历了两次世界大战之后对欧洲文明和世界文明进程反思后的一个结果，他对西方文明不能自已的掠夺性和扩张性感到不安，提出世界的统一应当在和平中实现，而不是靠武力，由此中国人积淀多年的和平主义精神及在此精神笼罩下的对世界的宁静态度显得弥足珍贵。然而不要忽略，汤因比也是把东西文明作为对立的两极来看待的，只是他对"对立性"的价值判断不同于启蒙时代以来、资本主义文明急速上升时期的大多数西方人。

　　上面所列举的这些西方人在中西文明具有对立性这一点认识上并无歧见，但他们对这种对立性的态度却随着对欧洲近代文明的态度而反复。当他们对自身感到乐观时，便理直气壮地说自己多么优秀与合理，而指摘中国如何不合时宜。当他们对自身感到悲观时，便又探询着是否能从他们的对立面中找到烛照微光。伏尔泰在近代文明晨光初现之时表露出来的忧思不同寻常，这是他个人伟大的人文主义关怀的体现，却要被湮没在时代的主流之中。而且伏尔泰那种略带悲观的冷静态度也不能完全算是特立独行的，在孔多塞和吉本之前，启蒙学者们出于历史前鉴也一度在担忧，新出现的这个文明阶段，是否也像以往所有的文明阶段一样在其繁荣之后趋于衰亡。

二、"他者"意象的演进

"中国与欧洲的对立性"这一启蒙时代所产生的认识也体现在一些长期占据欧洲学者思维的问题上，比如，中国为什么古代先进而近代落后？中国的专制主义结构为什么能持续两千年？中国文明为什么会几千年不变？这些问题的提出就是以中国和欧洲处处相对立为前提的，并且是以欧洲为标准的，欧洲的模式意味着先进，则中国就是落后的例子；经过不断变化而形成的现代欧洲国家的政体是最文明与合理的，则中国的专制暴政长期存在就非常奇怪；欧洲是个不断变化求新的社会，则中国几千年维持原样未免不正常。正是这些基于两种文明对立性认识的问题构成了19世纪、20世纪欧洲学者研究中国时的切入点，以及思索中国问题时所置身的基本框架。黑格尔关于中国的言论就非常典型地从知识体系上把中国（也包括其他东方古国）和欧洲分置两极，并且经他如此登高一呼，知识界人士就很难挣脱欧洲文化与中国文化存在系统性对立的这种思维了。

黑格尔对中国文化的看法，一言以蔽之，就是中国没有真正的知识。黑格尔在评价中国和其他东方国家时表现出两种鲜明的立场：以哲学为知识的最高形式；以欧洲经验为标准，对哲学的理解也是同样。黑格尔强调存在主客体相关联的普遍精神，并且认为它不断发展扩大，从而创造了历史与文化。他强调主体的精神自由："属于哲学的应是关于实体、普遍的东西、客观的东西的知识，这种对象只要我思考它、发展它，它就保持其自身的客观性。所以，在实体中我同时仍保有我的特性，我仍肯定地保持着我自己。所以我对实体的知识不只是我主观的规定、思想或意见，而且即由于它是我的思想，它同样是关于客观对象的思想、实体的思想。"基于这种立场，他认为东方的思想必须排除在哲学史以外，因为东方人的思想缺乏个体性，东方思想中的普遍性观念停留在抽象层面，没能通过概念化达到逻辑的、必然的具体。

关于中国的思想，他分析评价了孔子的思想、《易经》中的初级哲学、道家思想、作为国家宗教的士大夫宗教。他的参考资料几乎全是前一个世纪耶稣会士的作品，如关于孔子的知识来自柏应理1687年出版的《中国哲学家孔子》。关于《易经》知识来自钱德明1775年撰写的《由载籍证中国之远古》。关于道家，参考了钱德明1787年10月16日论道教的书信；法国汉学家雷慕沙所撰《关于老子生平意见的追述》；此外，他称自己见过流传到维也纳的《道德经》，不知是否为当初卫方济的译本。但是他的评价标准已经与他们迥然不同。孔子的道德哲学无论在传教士眼里，还是在启蒙思想家眼里，都有其可取之处，因此被广泛赞美。但黑格尔对孔子的道德哲学评价极低，因为它并非真正的哲学。《论语》只是讲了一种见诸各处、毫无特出性的道德常识，尽管这是些善良、老练、正确的道德箴言，但因没有一点思辨性，只是反复申说、反省和迂回，所以很平凡，而同是道德教训书的西塞罗的《政治义务论》要比《论语》内容更丰富更好。不过中国人也有一种哲学，蕴含在《易经》中，这里有纯粹抽象的一元和二元的观念，承认理性是基本原则，并称之为"道"。然而这种对纯粹思想的意识没有深入下去，没能经过思辨的思考后得出对自然力量或精神力量的有意义的认识。《易经》所蕴含之基本哲学的一个表现是老子关于"道"的说教，他的"道可道，非常道……"这段话说到了某种普遍的东西，却只是停留在抽象的开始。总之，中国的哲学沦于空虚。《易经》与道教在耶稣会士时代一直被当作迷信、异端，但在黑格尔这里却比孔子思想高明一些，因为它们是哲学的初级形式。黑格尔没有谈到理学，没有评价理学是否有资格作为哲学。从这一点明显可见他获取中国知识的渠道颇为狭窄，局限在耶稣会士主流作品范围内。这也有些奇怪，因为毕竟18世纪欧洲知识界关于理学的言论已不少见，黑格尔竟表现得对此毫无所闻。黑格尔谈到中国的国家宗教，这也是受耶稣会士影响的，因为耶稣会士极力强调有这么一种建立在古代儒学基础上的敬天宗教。但黑格尔同样根据欧洲的宗教概念否认中国宗教是真正的宗教，因为中国人没有把宗教发展到让"精神"退回到自身之内、专事想象它自己的主要性质这种境地。中国人在宗教方面就如在哲学方面一样，没能体现出个人的上述独立性，而是依赖自然界的各种对象，与其他东方宗教一样，其主要特性就是畏惧一个大力，个人自知其在这大力面前只是一个偶然无力的东西。黑格尔提到佛教，却只提到它在印度的形式和它的喇嘛

第十章　巡礼与反思：欧洲的中国观

教形式，丝毫未提及中国佛教，这也应是受耶稣会士作品屏蔽的结果。

　　哲学是黑格尔心目中的知识统帅，在他看来，欧洲的各门知识都具有他所理解的哲学性；相反，连所谓中国哲学都只是一种思想而不称其为哲学，则中国文化与社会的各个方面更是缺乏意志自由和主体性的落后事物。关于中国历史，它是世界历史的开端，却因为停滞不前而不再是历史进程的一部分。黑格尔以为现在的世界是传统经过不断变化成长而来的，而传统的内容是精神的世界所产生的。其实他所说的传统近似于历史过程本身，同时他以为历史就意味着活动与自我更新，世界精神的本质不是静止而是生命洋溢。在这个标准衡量下，一向被公认为停滞不前的中国当然不能说有历史，黑格尔认为是由于客观的存在和主观运动之间缺少一种对峙，所以中国历史无从发生任何变化。他又说历史是记载叙述——这里所指的应是历史编纂——而人类必须先有能力去形成抽象的鉴别，表达各种的法则，才有可能记载叙述周围的对象，这意味着先得具有哲学性思维能力才能写出历史，神话传说算不得历史。而中国的史家把神话的和史前的事实也都算作完全的历史，因为他们缺乏抽象的鉴别力。这样，中国不仅没有历史，也同样没有历史编纂。

　　至于被耶稣会士捧为中国最值得赞扬的事物，并被启蒙学者青眼相加的构成中国国家秩序基础的儒家道德，黑格尔说它并非欧洲人所说的道德，因为中国的道德义务本身就表现为法律、规律、命令的规定，而不是作为一种本质的规定包含在法

191

律制定过程和法律体系中，所以它只是形式的，不是自由的内心情感和主观的自由，同时，中国人也没有欧洲人所谓的法律。中国的行政管理和社会约法既是道德，同时又是理智的、没有自由的"理性"和"想象"，所谓法律就是那个"普遍的意志"，直接命令个人应该做些什么，个人则只知服从而放弃了他的反省和独立，因此这法律反倒简直是压制法律的东西。再看中国的行政，耶稣会士曾盛赞其井井有条、运转有效。但黑格尔说，中国式的行政管理体制不会令欧洲人满意，因为它没有法律精神。由于没有宪法，在中国实际上人人都是绝对平等的，所有的一切差别都和行政连带发生；然而这种平等却足以证明中国人因意志力有限而没有对内在的个人作胜利的拥护，只有一种顺服听命的意识，结果政府形式必然是专制主义。专制政体是黑格尔认为最初级也最糟糕的政体。

黑格尔认为，中国的科学也被错误地过高估计，中国人笨拙到不能创造一种历法，好像不能运用概念来思维，虽然保留一些古老的仪器，却不能运用于实际。其实中国的科学知识源于希腊。小亚细亚和埃及的希腊国家长期是科学的中心，并影响到亚洲腹地，科学通过希腊人的巴克特里亚国而逐渐传到中国。但是这点传统没能在中国繁荣起来，而只带着一个传统的外貌维持下去，这与中国人缺乏真正的主观性相关联，也因为缺乏把科学当作一种理论研究的兴趣。这儿没有一种自由的、理想的、精神的王国，所谓科学，仅仅属于经验的性质，而且作为知识的枝节来裨益实际的目的。具体就各门科学而论，历史编纂仅包含纯粹确定的事实，并不对事实表示任何意见或

第十章 巡礼与反思：欧洲的中国观

理解；法理学也是仅仅把规定的法律告诉人；伦理学还是只讲到决定的义务，不探索关于它们的一种内在基础；医药研究纯粹是经验，并且在治病用药上非常迷信。中国的语言文字，由于文法结构的抽象和不确定而难于表达对象，对科学的发展构成一个大障碍；反过来，没有真正的科学兴趣也阻止了他们发展出较好的表达和灌输思想的工具。中国人在艺术方面也还无法表现出美之为美，因为他们的图画没有远近光影的分别。

由此可见，在黑格尔眼里，中国一无是处。这其中固然有黑格尔对中国所知甚少的因素，但更重要的是，黑格尔根本就没有打算深入中国和其他东方文化中对它们进行同情式的理解。他就是要牢牢站在自己的文化坐标和知识原点上俯瞰众生，凡是不能纳入他的哲学理念的知识，都要被他扫入知识和文化进步的对立面。他总说中国没有真正的这个，没有真正的那个，归结起来"中国人民族性格的各方面。它的显著的特色就是，凡是属于'精神'的一切——在实际上和理论上，绝对没有束缚的伦常、道德、情绪、内在的'宗教''科学'和真正的'艺术'——一概都离他们很远"。这种评价鲜明地反映出他只以欧洲的知识体系和文化模式为唯一的真实与合理，他也通过把中国与欧洲进行强烈对比而更加突出了欧洲的光彩照人，强化了他对自身所处知识体系的清晰认识和认同感。黑格尔根本不承认中国的知识属于另外一个体系，坚持认为是中国人缺乏必要的本质精神而导致其停留在知识的初级阶段。他以欧洲式的形而上学语言将中国与欧洲的对立性本质化，既是对18世纪后期以来种种以对立眼光审量中国之言论的集成与升华，也因其中蕴含的本体论性质而深刻影响了19世纪与20世纪初古典哲学思维弥漫的西方知识界看待中国的基本视角。

韦伯写于20世纪初的《儒教与道教》一书显然也继承了此前欧洲学者关于中国文化本质的一些本体论观点，相信中国与欧洲之间存在根本对立性。但是他的研究已经不再停留在对中国文化的抽象论证上，而可以说是一项针对中国社会与历史的实证研究，只是他的实证研究是在一个隐含的预设前提之下展开的，他也不想让最后的结论偏离这个前提。此书是《宗教社会学论文集》的一部分，该论文集的整体构想是讨论世界上各主要宗教与其所在社会经济发展间的关系，实则是想揭示出它们对发展资本主义的促进或阻碍作用。在韦伯的所有论述之中，显然以新教加尔文派的伦理与资本主义精神之间的关系为准绳，以此衡量印度教、儒教和道教、犹太教之后，认为只有在西欧出现了促进资本主义产生的文化精神，而在步入资本主义社会所需的诸个条件中，这是唯有西欧才具有的重要一点，世界上其他宗教则站在资本主义精神的对立面上，比如，中国正是儒教大大妨碍她走向资本主义。韦伯另一个默认的前提是，诞生于西欧的这种工业资本主义是整个人类社会发展的标准模式，达不到这种模式难免就落后，一种文明缺乏进入这种发展模式所需的因素，则它就是不健全的。他分析了儒学对发展西欧式资本主义所起的种种负面影响，进而引申出儒学是中国社会停滞不前的最本质的文化原因，与现代社会格格不入的仪式主义、家产制法律结构、导致转向传统主义的和平主义都

第十章 巡礼与反思：欧洲的中国观

是儒教精神的基本内容。其实《儒教与道教》全书更多的篇幅是在分析中国的社会结构和其运行法则，多有透辟警醒之处，尤能给中国人以启发，也可见韦伯对中国的了解远比黑格尔要全面和深入。但是韦伯受制于自己的前提，而一定要把思路和笔调收回到儒学与近代西欧资本主义的关系这一命题上，这就常常显得相当勉强，因为今天看来，这个命题本身就是一个假问题。

韦伯对新教、儒教、印度教、犹太教的论述反映出他对西欧资本主义的信心和对其所谓的"普适价值"的肯定，他一方面很清楚这种制度产生的强烈特殊性——非有加尔文派的背景和新大陆的发现不可；另一方面相信这种特殊的制度应具有普遍性，适合被中国这样的传统主义的国家用来作为反思和改造自己的模型。他把启蒙时代产生的欧洲的乐观自信态度，用看起来缜密精致的学术体系包装，而推向一个更让人难以抗拒其说服力的层次。以西方近代化的思维与眼光来分析和评价满身传统性的中国社会的运行，这是韦伯时代研究中国学者的共同做法，而这从韦伯作品的资料来源中可见一斑。韦伯写作《儒教与道教》，除了参考已经译为西文的儒学和道教典籍，更大量借助19世纪末和20世纪初西方学者关于中国的研究著作，其中讨论中国社会与经济发展的至少有19位作者的20篇（部）作品，涉及中国的城市、行会、货币、通货、财政制度、工商业形式、价格与金融等问题。用这样的视角与概念来剖析中国社会完全是西方近代学术体系下的产物，针对中国提出的"理论—假设"实则都是比照西欧社会的发展特点而设定的，论证结果也经常要纳入符合西方经验认识的圈子里。这种认识特点对于全面理解中国将要造成的障碍不言而喻，但更关键的是，无论是韦伯讨论儒教和道教，还是其他学者讨论中国的其他问题，他们明示于人的或潜意识中的意图首先不是认识中国，而总是用中国来比对西方，进而加强西方的自我认同。他们通过论证中国不具备欧洲的某种特点来突出欧洲的这种特点，通过制造中国与欧洲的强烈对比来提醒世人注意欧洲的特出性。正因如此，一方面欧洲关于中国的基本知识长期停留在启蒙时代的水平而不思变化；另一方面欧洲对中国的评价又随着欧洲社会的动荡起伏而变动不居，中国在欧洲人眼里的形象正如雷蒙·道森恰如其分的命名，是一只"变色龙"。

三、全球化时代的新观察

随着时光推移，果然又有学者出面质疑以韦伯为代表之一的欧洲中心论视野，并试图重新评价中国在历史上的经济活力。德国经济学家弗兰克于1998年出版了《白银资本：重视经济全球化中的东方》(*ReOrient: Global Economy in the Asian Age*)一书，作者的写作意图，一是驳斥欧洲中心论，二是提倡并试建全球化视野。弗兰克说，欧洲中心论的本质特征是围绕一系列二元对立的等级结构形成的一整套知识体系，以马克斯·韦伯为首的19世纪欧洲历史学家是制造欧洲中心神话的罪魁祸首，确立了以欧洲模式为标准的"理想类型"作为思考一切问题的预设前提。接着，现代社会学和现代法学的一些奠基人和代表人物在"理想类型"的基础上发展了二分法,提出种种对立区分与进步性转变,如基于"科学"思维和"契约"基础的新社会组织与"传统"方式,"有机的"社会组织与"机械的"社会组织,"特殊主义"社会形式与"普遍主义"社会形式,传统"民间"社会与现代"城市"社会,"低级文明"与"高级文明"。弗兰克分析说,基于二分法提出的基本的社会文化特征和差异是想象多于现实的划分,目的就是要把"我们"与"他们"区分开,并且把某种原初的自我发展归诸某些民族,归根结底就是为了强调欧洲的特出性与优越性。

弗兰克想要用这样一个全球视野来取代欧洲中心视野:证明存在一个自古以来一以贯之的世界经济/体系,即"世界"早在19世纪以前就存在了,反过来用这个世界经济/体系解释19世纪以前的世界经济格局、国家关系及19世纪以来的种种变局。弗兰克归根结底是用长周期理论来证明世界经济体现出体系性的横向联系,也就是1500年以前的世界经济已经表现为一个"A/B"阶段交替的超长周期,每个扩张的"A"阶段或收缩的"B"阶段都持续两到三个世纪。其实7000年前就有一个包容全球的世界范围的贸易体系和劳动分工网络,从西欧通过地中海盆地、波斯湾和红海延伸到印度、东南亚和中国。18世纪以前甚至直到18世纪,这个世界经济一直被亚洲的生产、竞争力和贸易支配,印度和中国因为在制造业方面拥有绝对与相对的优势生产力而成为世界经济最"核心"的两个地区,中国则又是全球多边贸易的中心。欧洲人直到很晚才因输入了美洲金钱而得以越来越多地参与到这个世界经济中,18世纪晚期发生了亚洲的衰落与欧洲的崛起，它们处于竞争和"分享"政治经济权力的时期，然后欧洲在19世纪建立起新的"霸权"秩序。弗兰克也暗示，由于长周期的作用，亚洲可能会在未来的世界经济中重新承担起它在不太久远的过去曾经承担的领导角色。

不难看出，弗兰克所批评的西欧中心论特征正是韦伯《儒教与道教》中表现出的特征，而且与韦伯强调"资本主义"不同，弗兰克有意模糊"资本主义"作为一种经济形态的地位，而只是说"经济"与"贸易"，这分明就是想要颠覆建立在工业资本主义文明之上的整个学术与文化视野。不过弗兰克真的能完成颠覆任务吗？韦伯是通过把中国树为欧洲的对立面来确立并突出欧洲的中心地位，弗兰克虽然试图展示全球视野，但实际上则主要以中国为例，从他的书中总是能感受到以中国中心论来破解欧洲中心论的笔法。这意味着他没有真正化解"理想类型"和二分法的创立者所提出的各种对立性的社会特征，他只是创建了一种看似站在欧洲中心论对面的中国中心论，这就是说他提出了一个新的对立，他没有解释诸如契约社会与传统社会这样的对立为什么不正确，而是希望他所提出的这个对立性一旦成立，就可以取代其他的对立性。他究其实仍无法摆脱将中国作为欧洲之对立面的思维，因为说到底他并没有立足去理解中国和东方的社会与经济发展，他的写作仍然是基于对西方文化的再认识。弗兰克这部著作的标题被中译者翻译成《白银资本：重视经济全球化中的东方》，其实这种译法并没有表现出原文的题旨所在，那就是"reorient"一词所含的"重新定位"

的意思。这个"重新定位"似乎并非编译者所理解的那样,是单纯面向东方的重新定位,我们认为它更包含了西方学者对近200年来以西欧为基准的学术思维和文化思维的反思意识,但究竟作者有没有想把新的定位点置于东方,恐怕作者本人也不能明确,他只是举出东亚曾经在很长时期里是世界经济活动的中心,与欧洲后起的中心地位相对峙,以此打击西欧中心论那种自以为前无古人、后无来者的绝对权威意识。

说到这里,需要提及美国加州学派经济史学家彭慕兰(Kenneth Pomeranz)关于工业化前夕欧洲与中国经济发展的论述。西方经济史学界长期流行一个观点,认为中西的差异是欧洲的"工业革命"所造成的,工业革命是欧洲社会的一场质变。但近30年学者越来越重视社会发展的连续性特征,倾向于认为工业化只是欧洲长期缓慢发展过程的一部分。彭慕兰则对"渐进学派"的结论持有异议,他还是想强调西欧,尤其是英国由于历史偶然性所创造的"欧洲奇迹"。但他不同于早年学者关于工业革命的研究,认为欧洲从近代早期就表现出与东方的各种实质差异,而是努力论证中国与欧洲大陆在19世纪之前的经济发展状况和各项经济要素上都还很相似,近代早期欧洲的成长与中国长江三角洲的发展处在共同的历史过程中。东西方的差异在19世纪产生,要理解产生差异的原因,就要观察双方原本共同具有的生态、劳动力、资金的限制在欧洲如何被突破。彭慕兰认为根源在英国,英国的第一个天赐优势是丰富又易于开采的煤,进而发展蒸汽动力,从而解决了土地利用的限制;其次则是新大陆的资源和奴隶劳动大大缓解了西北欧的土地利用限制。结果，英国不仅使自身，也带动整个欧洲摆脱了长江三角洲式的劳动密集型生产方式。就对中国的论述而言，彭慕兰与弗兰克有神似之处，认为中国与欧洲的分野到19世纪才表现出来，中国的落后并非早年韦伯式的分析所显示的为文化与制度性痼疾所致。他们反驳了韦伯式的西欧中心论，但这并不意味着他们的立场偏离了欧洲。彭慕兰尤其强调西欧特殊性，他暗示欧洲突破资源限制靠的是技术创新，虽然不能把欧洲的技术创新视为理所当然，但也认为中国若有类似欧洲的资源就会自行产生工业革命。那么彭慕兰没有指出的促成工业革命的非自然原因究竟是什么？是不是又要回到韦伯所说的制度与文化原因呢？

　　无论是弗兰克还是彭慕兰，都不能脱离我们前面分析过的，西方人自启蒙时代以来形成的看待中国的基本特点——将中国作为欧洲的对立面以便更好地观察自己。弗兰克和彭慕兰都是研究西方经济问题的专家，而不是懂得中文的汉学家，以他们这样的身份来探讨中国社会发展问题，本身就足以说明这一点。彭慕兰对自己涉及中国的意图说得很清楚，也很有代表性，"要了解'欧洲奇迹'，我们必须要用中国的经验作为一面镜子"。经过19世纪西方近代学科体系将各种知识经过分类与包装之后，18世纪所形成的东西对立的视角就不仅表现在列举东西方的具体现象来说明双方的优劣，还表现在西方学者在纯粹西方语境的理论争鸣过程中，将中国与欧洲分别作为两种对立理论的论据，或者通过对中国加以不同解释而同时支持两种对立理论。后两者是中西对立思维更隐蔽、更精致的体现，也更容易让中

第十章　巡礼与反思：欧洲的中国观

国人误解中国在西方文化体系和学术体系中的价值。

何伟亚（James L. Hevia）的《怀柔远人：清代宾礼与1793年马戛尔尼使团》(*Cherishing Men From Afar. Qing Guest Ritual and Macartney Embassy of* 1793)是另外一部表面看来想要打破中西对立思维的作品，不过谈论的不是经济问题，而是有关清朝与英国的外交礼仪问题。此书所叙事件是1792~1794年，马戛尔尼勋爵（George Lord Macartney）所率英国使团出使乾隆朝的经过始末，重心在于双方不断发生的礼仪争执。中国方面将英国视同所有其他朝贡国，要求来使无论是面对皇帝本人还是皇帝画像，或者其他御用物品都要行三跪九叩之礼，结果遭英使拒绝，由此龙心不悦，英使所预期的贸易谈判使命也未能达成。一向以来，西方人所提出并为中国学者接受的对该事件的一般观点是，它生动表现了中国保守的文化主义与孤立主义，这次会见是进入现代社会之前的一次"传统"与"现代"的遭遇。极富活力的英国急于寻求海外的原料与市场，觊觎远东的沃土，酝酿对中国先礼后兵的行动。中国则奉行闭关锁国，对外部世界的进步与西方的科学文明一概不知，并且自以为仍是"天朝盛世""中央帝国"，竟把英国遣使举动当作仰慕中华文明而求为藩属。因此，马戛尔尼觐见时是否下跪的问题不单纯是一场礼仪之争，而是两种文明的撞击，具有深刻的象征意义。以费正清为首的一大批西方学者更是从"叩头"出发确认中国文化是一种"朝贡体系"（Tribute System）模式，而朝贡体系集中体现了中西文化的本质差异，它是朝贡与贸易、礼仪与外交、意识形态与实用主义、文化与实践理性等矛盾事物的对立体，这种二元性导致中国官员虽然能在一定限度内对外部环境做出灵活反应，但在根本上受消极防御性思维的制约，不能应对挑战，这被费正清总结为"冲击－反应模式"。以"冲击－反应模式"为代表的西方学者的中国观充满了立足西欧模式下的中西间的对立与差异，是韦伯时代观点的延续与深入，这一目了然。而何伟亚撰写《怀柔远人》就是想要扭转"冲击－反应模式"长期主导西方中国学研究的局面，想要打破以往学者为此事件提炼出的表现文明对立与差异的种种性质。他提倡混合性思维，主张无论学科之间，还是文化之间，都有相当宽阔的混合地带，但人们总是忽略这一点而只注意区别与界限，只注意因果关系。何伟亚的出发点与理想无疑是非常好的，但我们更关心他的研究实际上呈现出了什么样的图景。

何伟亚通过分析清朝与周边藩属国的关系和清代"宾礼"的含义（包括思想含义和在对外关系中的含义）而得出关于清朝对外关系的主要认识：清朝实行多主制而非"朝贡体制"，它并没有僵硬不化地坚持天朝心态，而是接受并承认多元的领导，但以清朝皇室为最高君主。清朝也并非将所有外交关系均纳入朝贡制度中，而另有一套相当灵活的待客"宾礼"，清朝一直努力在对外关系中维持一种平衡。就马戛尔尼事件而言，乾隆帝表现得很有弹性，并非一般所认为的对英使傲慢自大，清廷则能以相当包容的态度对待他国，反而是英国有高高在上的霸权心态。因此，中英冲突的根源不在于文化的冲突，而是双方坚守自己的政治利益和主权意识，各自恪守一套"国际法"准则而缺乏沟通与妥协。中英这次遭遇不是聋人对话式的异质文化交谈，而是一次本可以避免失败的外交活动，是一场具有共性的主权之争与权力话语的冲撞。

何伟亚对学界旧识的颠覆有目共睹，但同样明显的是他为了颠覆而处处反其道行之的意识。与彭慕兰相似，何伟亚为了驳斥差异论而刻意强调相似性，不惜去模糊甚至歪曲实际存在的差异，因此论述中总有一些牵强之处。比如，何伟亚想强调清政府是通过各种复杂对话而非制度化和规范化的象征行为来维持其"王中王"地位，故而其周边关系不是一个既定的结构。但他实际上夸大了清朝的主动程度，也高估了清朝官员在处理对外关系时的认真程度，忽视了他们只是为了要对皇上复命才对礼仪一丝不苟。何伟亚想指出宾礼是清朝与其他国家之间权力关系的体现，是实现"多主制"的重要手段，他其实是想说明宾礼与"多主制"间的关联就类似西欧国际法与民族国家格局间的关联，但是在清朝，二者间真有这样清楚的关联性吗？

何伟亚一心想否定费正清对朝贡体制性质的规定，但他们的思维并没有多大本质差异。费正清是通过"贡物"这个要素断定朝贡体制是一种文化象征行为，中国以还贡方式赢得象征性的声望，朝贡国则将朝贡视为贸易的载体，正因贡物具有这种能满足双方需求的功能，才能维持朝贡体系的结构，这是功能-结构理论的一个应用。何伟亚对费正清的反驳并没有针对贡物，而是避开它，只谈礼仪行为，指出礼仪中的策略性行为及安排礼仪时的种种技巧是清朝统治者推行其"天下观"统治的重要手段，同时还要以怀柔或征伐来确保礼仪的实际效用。

何伟亚以此说明清朝统治有很强的主动性，清朝的对外体制含有现实政治性，而非僵硬的文化象征体系。显然，费正清与何伟亚都只是从中国对外体制中取了一个要素作为立论基础，既然都是偏倚一方，那么谁也没有能力完全驳倒对方。何伟亚与费正清的论述谁更合理，不是我们这里要作的判断，但想提请注意的是，他们关于中国建立朝觐制度之根本目的的描述并无出入，都认为中国统治者要借此扬威宇内，在空间上和时间上扩充其统治范围，只是费正清强调中国的手段是以文化之，何伟亚则更强调中国的政治和军事手段。何伟亚与费正清正好表现出上文所说的，西方学者在自己的学术语境下，以同一个中国的不同面相来支持自己相互对立的观点，何伟亚对"多主制"的论述也是这样的意图。

"中国中心取向"是西方汉学界针对以往"欧洲中心论"下的各理论而行的逆反之举，寻找某个时代中国与欧洲的相似性也是针对以往过于强调差异性的补偿行为，其目的都不是要为中国平反，而是拓展西方学术的研究思路，是否定别人的理论而确立自己的理论，作为背后支持的仍然是西方式思维。中国既然不处于其认识体系的中心地位，就不能说真是以中国为中心。而中国真正的位置，仍然是站在西方对面。

通常人们总认为，19世纪中叶以后至20世纪前叶，是西方中国观发生重大变化的时期，是一个从曼妙少女转变为灶头老妪的时期。其实，西方人（主要是欧洲人）在不同时期对中国的评价首先不可简单地以好和坏、美和丑这样的对立概念来表达。无论在哪个时期，西方人评价中国在很大程度上都取决于自己

第十章 巡礼与反思：欧洲的中国观

对这种异质文化有怎样的需求。17世纪的欧洲希望用中国文明来增添上帝的荣耀，因此以最大的宽容心来挖掘中国文明中符合基督教教义中善与美之要求的内容。18世纪，中国在护教者们眼里早无可取之处，但在启蒙学者们眼里则有各式各样的可爱面目，用来攻击教会，用来巩固自己的观点理论，用来证明所处社会改革理想的合理性，等等。但这个"可爱"不等于"好看"，而应意味着"有用"，当时以中国作正面例子和反面例子的都不乏其人，如果着眼于对中国的好坏评价，就无法归结这个时代的特征。这个时代是欧洲在借助中国来确定自己发生历史转型的合理性的时代，有人通过把中国看作同盟来进行，有人则认为把中国树为对立面更可行，可以说仅是具体手法的差异。但是19世纪之后，将中国作为对立面无疑成为一呼百应的意见，因为此时的欧洲不必再向什么权威去证明自己发生转变的正当性，而是志得意满地向全世界展示自己脱胎换骨后的强健与美丽，她需要的是能够反衬自己绝代风华的庸常之辈，中国便扮演了这样的角色。因此，西方的中国观不能说是在19世纪后半叶随着中国的屡次战争失败而发生重大转折，也不是马戛尔尼访华才形成欧洲对中国的认识新起点。我们从前面的分析中可以看出，启蒙时代就是近代以来西方认识中国的起点，不仅有关中国的基本知识从那时获得并巩固，从那时起，中国就被欧洲塑造为一个有助于加强欧洲人自我意识的对立文化实体，而且随着欧洲人自我评价的变化，这个对立文化实体的价值也在摇摆。直到今天，欧洲许多关于中国的认识还停留在中西初识的时期，欧洲仍相当顽固地根据自己的需要来理解中国。

205

中国文化曾经在启蒙时代这个历史时期里为欧洲文化和社会转型作出贡献，而欧洲还远远没有认识中国。

其实，通过比较而认识自己，这恐怕是人类思维中的固有习性，在此基础上所发生的种种从自身需求出发的文化误读也因而成为文化发展过程中很难消除的现象，当然误读的好坏结果不能一概而论。我们追溯欧洲认识中国的起点，和在这个起点上认识中国时的特点，以及这些特点对后来的影响；我们分析欧洲人的中国观，指明多少带有本位主义性质的文化误读的存在。这些努力并不是奢望去消解这种现象、奢望历史发展进入一种理想状态，而是希望能在我们的思维中多一些批判与反思的意识，无论是对于我们自身，还是对于别人看待我们的眼光。无论如何，欧洲人在不断自我反思这一点上的确为我们树立了榜样，他们始终把中国置于自己的对立面，并不断改变对中国的态度，这正是因为他们在不断重新认识自己、重新定位自己。

此外还应注意，17世纪的欧洲在神权思维下产生的对中国的优容心态并不值得我们称颂，并不因为它是一种普遍主义就比启蒙时代以来欧洲视中国为对立和异质的心态更让人乐观。如何实现文化之间令人满意的交流和汇通，仍是一个需要苦苦思索和努力实践的问题，我们就引哈贝马斯关于普遍主义的一段富有启发的设想作为全篇结束："普遍主义究竟意味着什么？它意味着在认同别的生活方式乃合法要求的同时，人们将自己的生活方式相对化；意味着对陌生者及其他所有人的容让，包括他们的脾性和无法理解的行动，并将此视作与自己相同的权利，意味着人们并不孤意固执地将自己的特性普遍化；意味着并不简单地将异己者排斥在外；意味着包容的范围必然比今天更为广泛。道德普遍主义意味着这一切。"

附 录

表1 丝绸之路著名使者

人物	时间	背景	目的	成果	资料
张骞	公元前138年	西汉前期，匈奴残酷压迫和掠夺西域各族，从西域不断向中原发动进攻，汉王朝十分被动	对匈奴的战争获得重大胜利	熟悉了西域的地理、风土和人情	（张）骞行时百馀人，去十三岁，唯二人得还。骞身所至者大宛、大月氏、大夏、康居，而传闻其旁大国五六，具为天子言之。……而楼兰、姑师邑有城郭，临盐泽。盐泽去长安可五千里。匈奴右方居盐泽以东，至陇西长城，南接羌，鬲汉道焉。（《史记·大宛列传》）
张骞	公元前119年	联络大月氏，夹击匈奴	走访了中亚的乌孙、大宛、康居等国，与西域各国建立友好关系，促进了西汉与西域的了解与往来	西域与内地交往日趋频繁，西域各国纷纷归附汉朝	骞因分遣副使使大宛、康居、大月氏、大夏、安息、身毒、于窴、扜采及诸旁国。乌孙发导译送骞还，骞与乌孙遣使者十人，马数十匹报谢，因令窥汉，知其广大。……其后岁馀，骞所遣使通大夏之属者皆颇与其人俱来，于是西北国始通于汉矣。然张骞凿空，其后使往者皆称博望侯，以为质于外国，外国由此信之。（《史记·大宛列传》）
班超	公元73年	西汉末年，匈奴重新控制了西域，汉朝与西域的来往中断	恢复中原和西域的交往	西域各族摆脱了匈奴的束缚和奴役，西域和中原的联系更加密切	班超字仲升，扶风平陵人，徐令彪之少子也。为人有大志，不修细节。然内孝谨，居家常执勤苦，不耻劳辱。有口辩，而涉猎书传。（《后汉书·班梁列传》）书奏，帝感其言，乃征超还。超在西域三十一岁。十四年八月至洛阳，拜为射声校尉。（《后汉书·班梁列传》）
甘英	公元166年	大秦（罗马帝国）派使者访问洛阳	联合大秦围剿匈奴	欧洲国家同我国的首次直接交往	其后甘英乃抵条支而历安息，临西海以望大秦，拒玉门、阳关者四万余里，靡不周尽焉。（《后汉书·西域传》）

208

附　录

表2　历代著名和亲公主

人物	身份	朝代	和亲对象	资料
细君公主	江都王刘建女儿	汉武帝时期	乌孙王昆莫	乌孙以马千匹聘。汉元封中,遣江都王建女细君为公主,以妻焉。赐乘舆服御物,为备官属宦官侍御数百人,赠送甚盛。乌孙昆莫以为右夫人。匈奴亦遣女妻昆莫,昆莫以为左夫人。(《汉书·西域传下》)
解忧公主	"七国之乱"发动者之一刘戊的孙女	汉武帝时期	乌孙王岑陬	岑陬尚江都公主,生一女少夫。公主死,汉复以楚王戊之孙解忧为公主,妻岑陬。岑陬胡妇子泥靡尚小,岑陬且死,以国与季父大禄子翁归靡,曰:"泥靡大,以国归之。"(《汉书·西域传下》)
弘化公主	唐朝宗室女	唐太宗时期	吐谷浑诺曷钵	诺曷钵既幼,大臣争权,国中大乱。太宗遣兵援之,封为河源郡王。仍授乌地也拔勒豆可汗,遣淮阳王道明持节册拜,赐以鼓纛。诺曷钵因入朝请婚。十四年,太宗以弘化公主妻之,资送甚厚。(《旧唐书·卷一百四十八》)
文成公主	唐朝宗室女	唐太宗时期	吐蕃松赞干布	贞观十五年,太宗以文成公主妻之,令礼部尚书、江夏郡王道宗主婚,持节送公主于吐蕃。弄赞率其部兵次柏海,亲迎于河源。见道宗,执子婿之礼甚恭。既而叹大国服饰礼仪之美,俯仰有愧沮之色。(《旧唐书·卷一百四十六》)
金城公主	唐中宗李显养女,邠王李守礼的女儿	唐中宗时期	吐蕃赞普尺带珠丹	1.夏,四月,辛巳,以上所养雍王守礼女金城公主妻吐蕃赞普。(《资治通鉴·唐纪二十四》) 2.上命纪处讷送金城公主适吐蕃,处讷辞;又命赵彦昭,彦昭亦辞。丁丑,命左骁卫大将军杨矩送之。己卯,上自送公主至始平;二月,癸未,还宫。公主至吐蕃,赞普为之别筑城以居之。(《资治通鉴·唐纪二十五》)
萧国公主（宁国公主）	唐肃宗女儿	唐肃宗时期	回纥英武威远可汗	萧国公主,始封宁国。下嫁郑巽,又嫁薛康衡。乾元元年,降回纥英武威远可汗,乃造府。二年,还朝。贞元中,让府属,更置邑司。(《新唐书·列传·卷八》)

续表

人物	身份	朝代	和亲对象	资料
燕国襄穆公主（咸安公主）	唐德宗女儿	唐德宗时期	回纥武义成功可汗	燕国襄穆公主，始封咸安。下降回纥武义成功可汗，置府。薨元和时，追封及谥。（《新唐书·列传·卷八》）
永安公主	唐宪宗女儿	唐穆宗时期	回鹘保义可汗（和亲未成功，后入道）	永安公主，长庆初，许下嫁回鹘保义可汗，会可汗死，止不行。太和中，丐为道士，诏赐邑印，如寻阳公主故事，且归婚赀。（《新唐书·列传·卷八》）
定安公主（太和公主）	唐宪宗女儿	唐穆宗时期	回鹘崇德可汗	定安公主，始封太和。下嫁回鹘崇德可汗。会昌三年来归，诏宗正卿李仍叔、秘书监李践方等告景陵。主次太原，诏使劳问系涂，以黠戛斯所献白貂皮、玉指环往赐。至京师，诏百官迎谒再拜。……主乘辂谒宪、穆二室，欷歔流涕，退诣光顺门易服、襫冠〈金奠〉待罪，自言和亲无状。帝使中人劳慰，复冠〈金奠〉乃入，群臣贺天子。又诣兴庆宫。明日，主谒太皇太后。进封长公主，遂废太和府。（《新唐书·列传·卷八》）
固伦荣宪公主	康熙帝第三女	清康熙帝时期	蒙古巴林亲王乌尔衮	太祖初起，诸女但号"格格"，公主、郡主，亦史臣缘饰云尔。厥后始定：中宫出者，为"固伦公主"；自妃、嫔出者，及诸王女育宫中者，为"和硕公主"。（《清史稿·表·卷六》）

附 录

表3 中西交流中中国著名僧人

人物	籍贯	时代	去往地域	简介	资料
朱士行	颍川	三国魏甘露五年	于阗	曾在洛阳讲经，后从雍州去往西域，在于阗求经。中原最早去西域求法的人	朱士行。颍川人。志业方直劝沮不能移其操。少怀远悟脱落尘俗。出家以后专务经典。昔汉灵之时竺佛朔译出道行经。即小品之旧本也。文句简略意义未周。士行尝于洛阳讲道行经。觉文章隐质诸未尽善。每叹曰。此经大乘之要。而译理不尽。誓志捐身远求大本。遂以魏甘露五年发迹雍州。西渡流沙既至于阗。果得梵书正本凡九十章。（《高僧传》卷第四）
法显	平阳	东晋隆安三年	天竺	与慧景、道整、慧应、慧嵬从长安出发去往天竺。慧景于途中遇难。游历30余国，仅法显经过师子国，从南海返回，在青州长广郡劳山南岸登陆。道整终老天丛	释法显姓龚。平阳武阳人。有三兄并髫龀而亡。父恐祸及显。三岁便度为沙弥。居家数年病笃欲死。因以送还寺信宿便差。不肯复归。……及受大戒。志行明敏仪轨整肃。常慨经律舛阙。誓志寻求。以晋隆安三年。与同学慧景道整慧应慧嵬等。发自长安。西渡流沙。上无飞鸟下无走兽。四顾茫茫莫测所之。唯视日以准东西。望人骨以标行路耳。……昔有人凿石通路傍施梯道。凡度七百余所。又蹑悬絙过河数十余处。皆汉之张骞甘父所不至也。……凡所经历三十余国。……显留三年。学梵语梵书。方躬自书写。于是持经像寄附商客到师子国。显同旅十余。或留或亡。顾影唯己。常怀悲慨。（《高僧传》卷第三）

211

续表

人物	籍贯	时代	去往地域	简介	资料
玄奘	河南洛阳缑氏	唐太宗贞观三年	印度	西行求法，往返十七年，旅程五万里，所历"百有三十八国"，带回大小乘佛教经律论共五百二十夹，六百五十七部	释玄奘。本名袆。姓陈氏。汉太丘仲弓后也。子孙徙于河南。故又为洛州缑氏人焉。……时年二十九也。遂厉然独举。诣阙陈表。有司不为通引。顿迹京皋。广就诸蕃遍学书语。行坐寻授数日便通。侧席面西思闻机候。会贞观三年时遭霜俭。下敕道俗逐丰四出。奘因斯际径往姑臧渐至炖（敦）煌。路由天塞。裹粮吊影。前望悠然但见平沙绝无人径。回遑委命任业而前。展转因循达高昌境。……自高昌至于铁门。凡经一十六国。……又东南七百至滥波国。即印度之北境矣。言印度者。即天竺之正名犹身贤豆之讹号耳。论其境也。北背雪山三陲大海。地形南狭如月上弦。川平广衍周九万里。七十余国依止其中。……奘意欲流通教本。乃放任开正法。遂往东印度境迦摩缕多国。……以贞观十九年正月二十四日。届于京郊之西。道俗相趋屯赴阗阓。数十万众如值下生。将欲入都。人物喧拥取进不前。……世有奘公。独高联类。往还振动备尽观方。百有余国君臣谒敬。言议接对。不待译人。披析幽旨。华戎胥悦。故唐朝后译不屑古人。执本陈勘频开前失。既阙今乖未遑厘正。辄略陈此夫复何言。（《续高僧传》卷第四）
鉴真	广陵江阳	唐中宗神龙元年	日本	不畏险阻，六次东渡，后随遣唐使去往日本，传播大唐文化	见佛像感动凤心。因白父求出家。父奇其志许焉。登便就智满禅师循其奖训。属天后长安元年诏于天下度僧。乃为息慈配住本寺。（《宋高僧传》卷十四）

附 录

表4 郑和七次下西洋一览表

次数	往返时间	出行（所到主要地方）	资料
第一次	永乐三年（1405年）六月至五年（1407年）九月	占城、爪哇、苏门答剌、锡兰山、古里及旧港等。据记载有27800人	郑和，云南人，世所谓三保太监者也。初事燕王于藩邸，从起兵有功。累擢太监。成祖疑惠帝亡海外，欲踪迹之，且欲耀兵异域，示中国富强。永乐三年六月，命和及其侪王景弘等通使西洋。将士卒二万七千八百余人，多赉金币。造大舶，修四十四丈、广十八丈者六十二。（《明史·列传·卷一百九十二》）
第二次	永乐六年（1408年）九月至七年（1409年）夏	占城、爪哇、满剌加、暹罗、淳泥、苏门答剌、锡兰山、小葛兰、柯枝、古里、加异勒等。据记载有27000人	六年九月，再往锡兰山。国王亚烈苦柰儿诱和至国中，索金币，发兵劫和舟。和觇贼大众既出，国内虚，率所统二千余人，出不意攻破其城，生擒亚烈苦柰儿及其妻子官属。劫和舟者闻之，还自救，官军复大破之。九年六月献俘于朝。帝赦不诛，释归国。是时，交阯已破灭，郡县其地，诸邦益震詟，来者日多。（《明史·列传·卷一百九十二》）
第三次	永乐七年（1409年）九月至九年（1411年）六月	占城、暹罗、爪哇、满剌加、苏门答剌、阿鲁、加异勒、南巫山、甘巴里、阿拨把丹、柯枝、小葛兰、古里等	当成祖时，锐意通四夷，奉使多用中贵。西洋则和、景弘，西域则李达，迤北则海童，而西番则率使侯显。（《明史·列传·卷一百九十二》）
第四次	永乐十年（1412年）十一月至十三年（1415年）七月	占城、爪哇、满剌加、苏门答剌、阿鲁、柯枝、古里、南巫山、溜山、忽鲁谟斯、加异勒、急兰丹、彭亨、比剌、孙剌等。据记载有27670人	十年十一月，复命和等往使，至苏门答剌。其前伪王子苏干剌者，方谋弑主自立，怒和赐不及己，率兵邀击官军。和力战，追擒之喃渤利，并俘其妻子，至十三年七月还朝。帝大喜，赍诸将士有差。（《明史·列传·卷一百九十二》）
第五次	永乐十四年（1416年）十二月至十七年（1419年）七月	占城、爪哇、旧港、满剌加、苏门答剌、南巫里、锡兰、溜山、木骨都束、卜剌哇、阿丹、剌撒、忽鲁谟斯、柯枝、古里、沙里湾泥、彭亨、榜葛剌、麻林等	十四年冬，满剌加、古里等十九国咸遣使朝贡，辞还。复命和等偕往，赐其君长。（《明史·列传·卷一百九十二》）

213

续表

次数	往返时间	出行（所到主要地方）	资料
第六次	永乐十九年（1421年）正月至二十年（1422年）八月	占城、锡兰山、忽鲁谟斯、阿丹、祖法儿、剌撒、卜剌哇、木骨都束、古里、柯枝、加异勒、溜山、南巫里、苏门答剌、阿鲁、满剌加、甘巴里等	十九年春复往，明年八月还。二十二年正月，旧港酋长施济孙请袭宣慰使职，和赍敕印往赐之。比还，而成祖已晏驾。洪熙元年二月，仁宗命和以下番诸军守备南京。(《明史·列传·卷一百九十二》)
第七次	宣德五年（1430年）六月至八年（1433年）七月	占城、爪哇、旧港、满剌加、苏门答剌、锡兰山、南巫里、溜山、阿鲁、甘巴里、忽鲁谟斯、剌撒、祖法儿、竹步、加异勒、古里、柯枝、卜剌哇、木骨都束、天方、小葛兰、麻林、阿拨把丹等。据记载有27550人	和经事三朝，先后七奉使，所历占城、爪哇、真腊、旧港、暹罗、古里、满剌加、渤泥、苏门答剌、阿鲁、柯枝、大葛兰、小葛兰、西洋琐里、琐里、加异勒、阿拨把丹、南巫里、甘把里、锡兰山、喃渤利、彭亨、急兰丹、忽鲁谟斯、比剌、溜山、孙剌、木骨都束、麻林、剌撒、祖法儿、沙里湾泥、竹步、榜葛剌、天方、黎伐、那孤儿，凡三十余国。所取无名宝物，不可胜计，而中国耗废亦不赀。自宣德以还，远方时有至者，要不如永乐时，而亦老且死。自和后，凡将命海表者，莫不盛称和以夸外番，故俗传三保太监下西洋，为明初盛事云。(《明史·列传·卷一百九十二》)